HISTOIRES DE CHEVAUX ET DE PONEYS ILLUSTRÉES

HISTOIRES DE CHEVAUX ET DE PONEYS ILLUSTRÉES

Texte :
Rosie Dickins, Susanna Davidson,
Fiona Patchett, Rosie Hore
et Katie Daynes

Illustrations :
Yvonne Gilbert Nanos et
Natasha Kuricheva

Traduction :
Muriel de Grey

Sommaire

Le cheval qui parlait

La princesse Lily adorait monter à cheval. Dans les écuries du palais, elle avait le choix entre de nombreuses montures, toutes très belles : il s'y trouvait des alezans nerveux, des chevaux noirs à la robe étincelante et des bais au poil luisant... mais celui qu'elle aimait par-dessus tout était une belle jument blanche appelée Falada.

Falada était un cheval hors du commun. Sa robe avait la douce blancheur d'une lune d'été ; il avait une crinière et une queue argentées... et il avait aussi quelque chose de magique, car il était doué de la parole. Lily et Falada aimaient galoper par monts et par vaux, les beaux cheveux châtains de Lily et la queue et la crinière de la jument flottant au vent derrière elles.

Lily était fiancée au prince d'un lointain royaume. À cause de la distance, ils ne s'étaient pas encore rencontrés, mais ils avaient échangé de longues lettres et des portraits. C'est pourquoi quand le prince l'invita à venir le voir, Lily accepta avec joie.

La reine, qui aimait beaucoup sa fille, sentit les larmes lui monter aux yeux quand vint le moment de se dire au revoir. Lily sortit son mouchoir juste à temps pour recueillir les gouttes – une, deux, trois – qui roulèrent sur les joues de sa mère. Puis, après une dernière étreinte, elles se séparèrent.

Lily sortit du palais perchée sur le dos de Falada, suivie de sa servante, Grizela, sur un petit poney trapu.

« Range précieusement ce mouchoir, lui conseilla Falada en route. Il te protégera, car l'amour d'une mère est un puissant talisman.

– C'est vrai, merci », répondit Lily, tout en glissant soigneusement le joli carré de soie dans sa manche.

Il faisait beau ce jour-là, et elles perdirent bientôt de vue le château. Le soleil brillait fort et des oiseaux chantaient dans les arbres. Puis, les arbres disparurent et, sur la route poussiéreuse, sous la chaleur torride, Grizela se mit à regarder sa maîtresse d'un air renfrogné.

« Pourquoi Lily mérite-t-elle d'être une princesse et d'avoir un beau cheval, alors que moi, je ne suis qu'une servante ? se demanda-t-elle. Je vaux bien autant qu'elle ! » Elle se mit alors à réfléchir au moyen de prendre la place de Lily.

« Si seulement elle n'avait pas ce talisman », grommela-t-elle, car elle avait entendu les paroles de Falada.

Au bout d'un certain temps, elles arrivèrent devant un torrent tumultueux. Lily dit à sa servante :

« Grizela, j'ai très soif. Apporte-moi à boire, s'il te plaît. »

Grizela haussa les épaules en rejetant en arrière ses cheveux ternes et répondit d'un ton sec :

« Oh ! faites-le vous-même. »

Surprise, mais trop polie pour discuter, Lily ne la contredit pas. Elle descendit avec légèreté jusqu'au bord du ruisseau pour se désaltérer. L'eau était fraîche et délicieuse.

Lily en prit un peu plus… et son

mouchoir sortit de sa manche, effleurant la surface de l'eau. Toujours assoiffée, elle tendit la main une troisième fois… et le courant arracha le mouchoir, qui partit au fil de l'eau.

« Oh non ! s'écria Lily.

– Chouette ! se dit Grizela. Quelle chance ! Maintenant, il faudra bien que Lily m'obéisse. »

Grizela sauta du poney et saisit rudement la princesse par le bras.

« Écoute, siffla-t-elle, nous allons échanger nos robes et nos chevaux, et tu ne diras rien à personne. Promets, sinon tu le regretteras ! »

Elle avait pris un air si féroce que Lily pâlit et fit oui de la tête, n'osant rien dire.

Falada hennit doucement : « Si ta mère le savait, son cœur se briserait. »

Grizela jeta un regard renfrogné à la jument.

« Et toi aussi, vieux canasson, tu as intérêt à te taire, autrement, gare à toi. »

Alors, quand elles reprirent la route, ce fut Grizela, parée de soie et de velours telle une princesse, qui monta sur Falada, pendant que la princesse, méconnaissable, vêtue d'une robe de servante et ses beaux cheveux châtains dissimulés sous un vieux foulard, se contentait du petit poney.

Quand elles arrivèrent enfin devant l'imposant château en pierre du prince, celui-ci vint lui-même les accueillir.

« Bienvenue, princesse », dit-il en s'inclinant profondément devant Grizela. « Et vous, qui êtes-vous ? » ajouta-t-il en apercevant Lily, qui tenait les brides.

La jeune fille avait une prestance que même ses vêtements ordinaires ne parvenaient pas à dissimuler. Lily, voyant son sourire bienveillant, mourut d'envie de tout lui raconter, mais elle avait promis de se taire.

« Nous connaissons-nous déjà ? insista le prince.

– Non, jeta Grizela, ce n'est que ma servante. Oubliez-la. C'est une paresseuse, tout juste bonne aux travaux de la ferme.

– Dans ce cas, elle pourra aider Frisé, le valet de ferme, à soigner les oies, répondit le prince.

– Et cette vieille rosse peut l'y rejoindre, ajouta Grizela. Elle n'a pas cessé de renâcler pendant tout le chemin et je ne veux plus la revoir ! »

En réalité, craignant que Falada ne parle en faveur de sa maîtresse, elle les voulait toutes les deux le plus loin possible.

La princesse devint donc une humble gardeuse d'oies et Falada fut attelée à une carriole, pendant que la servante festoyait et dansait, en faisant de son mieux pour impressionner le prince. Elle dormait dans des draps soyeux, sur un immense lit à

baldaquin doré, pendant que Lily se contentait d'un matelas de paille, au-dessus des écuries.

Tous les matins, Lily descendait dans le box de Falada. Là, elle étreignait l'encolure lisse et blanche de la jument et enfouissait son visage dans sa crinière brillante pour se réconforter.

« Si ta mère le savait, son cœur se briserait, chuchotait Falada.

– Heureusement, nous sommes ensemble », répondait stoïquement Lily. Puis, elle partait avec Frisé garder les oies dans les prés.

Parfois, lorsque le fermier passait du côté des prés dans sa carriole, Lily voyait de nouveau Falada dans la journée. Elle soupirait alors :

« Hélas, Falada, quel dur labeur ! »

Et la jument répondait doucement, si doucement que le fermier et Frisé l'entendaient à peine :

« Hélas, princesse, quel triste destin ! »

Ces paroles éveillèrent la curiosité de Frisé.

« Qui êtes-vous ? » demanda-t-il, les yeux fixés sur sa compagne. « Pourquoi ce cheval vous appelle-t-il princesse ? »

En réponse, Lily se contenta de secouer la tête et de sourire tristement. Elle avait fait une promesse et devait la tenir. Elle n'osait pas non plus dérouler ses cheveux, par peur d'être reconnue. Aussi, quand elle voulait les peigner, elle susurrait au vent : « Souffle, vent, souffle ! Fais partir le chapeau de Frisé ! »

Alors, le vent décoiffait le valet de ferme, qui courait après son chapeau. Quand il revenait, elle avait fini de peigner ses cheveux et avait remis son foulard. Cependant, si Frisé ne voyait rien, un autre l'avait

aperçue : les soupçons du prince à l'égard de sa visiteuse ne cessaient de croître, tout comme sa curiosité à l'égard de la prétendue servante.

Un beau matin, alors qu'il passait à cheval devant la ferme, il vit Lily étreindre Falada.

« Étrange, se dit-il. C'est sûrement une monture royale, et elle l'aime comme si elle était sa maîtresse, contrairement à la princesse. »

Puis il entendit Falada répondre. « Un cheval qui parle ! De plus en plus étrange, se dit-il. Et pourquoi le cœur de sa mère se briserait-il ? »

Décidé à percer ce mystère, il suivit Lily de loin. Il la vit parler au vent, puis peigner ses beaux cheveux châtains.

« Il y a quelque chose qui cloche, pensa-t-il. Soit cette jeune fille est la vraie princesse, soit je suis chevrier. »

Il attendit le retour de Lily ce soir-là et lui parla dans les cuisines, à l'heure du dîner. Il lui demanda :

« Qui êtes-vous ? Et pourquoi votre maîtresse vous a-t-elle fait partir ? »

Lily secoua la tête. Elle ne pouvait répondre. Cependant, le prince était de plus en plus sûr d'avoir raison.

« Pourquoi ne dites-vous rien ? insista-t-il.

– J'ai promis de me taire, répondit-elle, et je dois tenir parole.

– Alors, je vous laisse, répliqua le prince. Et vous pouvez chuchoter votre histoire dans ce vieux poêle, dans ce coin. Ainsi, vous ne manquerez pas à votre promesse. »

Lily hocha la tête et attendit d'être seule... puis raconta son histoire.

Le prince s'était posté dehors, l'oreille collée à la cheminée. Il entendit tout son récit, avec une colère croissante. Quand Lily eut fini, il se précipita dans la cuisine et la prit dans ses bras.

« Princesse, s'écria-t-il, je savais bien que

c'était vous ! Acceptez-vous de m'épouser ? »

Lily leva les yeux sur lui et sourit.

« Mon prince ! soupira-t-elle de bonheur. Oui, j'y consens.

– Alors, suivez- moi », demanda le prince en la menant dans la grande salle, où il donna l'ordre de la faire vêtir de vêtements royaux et de conduire Falada dans les écuries royales.

Quand Lily réapparut, elle portait une robe de soie froufroutante et une petite couronne de diamants qui scintillait sur ses cheveux sombres. Soudain timide, le prince eut le souffle coupé.

En souriant, Lily lui tendit la main et ils allèrent dîner.

Grizela était déjà là, en train de s'empiffrer de frangipanes et autres pâtisseries. Lily était si éblouissante que Grizela ne la reconnut pas. Elle supposa

que le prince voulait simplement lui présenter une princesse étrangère.

« Bien le bonjour », lui dit-elle, la bouche pleine, tandis que le prince conduisait Lily à son siège.

Quand tous les convives eurent fini, le prince se tourna vers Grizela.

« Ma chère, dit-il froidement, que feriez-vous à une menteuse comme celle dont je vais vous raconter l'histoire ? » Puis, quand il eut terminé son récit, il redemanda : « Quelle punition recommanderiez-vous ? »

Grizela, sans méfiance, n'hésita pas :

« Je lui ferais garder les cochons, se moqua-t-elle. Et aussi dormir avec eux, sans jamais prendre de bain !

– Eh bien ! tel sera votre châtiment, annonça le prince. Gardes, emmenez-la ! »

Quelques jours plus tard, le prince et la

princesse se marièrent sous une arche de roses.

La mère de Lily assista au mariage et pleura de nouveau, mais de joie cette fois-ci.

Quant à Falada, elle secoua sa crinière argentée et bénit ainsi les heureux époux :

« Maintenant, enfin, ta mère n'aura plus peur,
Car tu vas connaître l'amour et le bonheur. »

Et il en fut ainsi.

Bronze, Argent et Or

Il était une fois un paysan qui possédait une prairie à flanc de montagne. Tous les ans, il fauchait le foin, puis le rentrait dans sa grange. Cependant, ces deux dernières années, la nuit de la Saint-Jean, juste au moment où l'herbe était la plus épaisse et la plus verte... un mystérieux animal était venu tout dévorer.

Quand le paysan alla inspecter son champ, il ne trouva que quelques tiges dressées sur le sol. Il annonça alors à ses trois enfants :

« Cette année, je veux que l'un de vous aille dans la grange faire le guet pour percer ce mystère.

– Est-ce que je peux y aller ? demanda sa fille Irène, la cadette.

– Ne dis pas de bêtises ! se moquèrent ses frères aînés. Tu n'es qu'une fille.

– Je m'en charge, dit l'aîné en se pavanant. Je suis sûr de découvrir le coupable. »

Et donc, la veille de la Saint-Jean, il se rendit dans la grange et s'allongea sur le sol couvert de paille. Il attendit et attendit, puis, au milieu de la nuit, il entendit un bruit comme il n'en avait jamais entendu. Le sol trembla, les murs aussi, et mort de peur, le garçon sortit de la grange en courant, jurant de ne jamais y revenir.

Le lendemain matin, l'herbe avait de nouveau

disparu : comme auparavant, il ne restait que quelques tiges dressées sur le sol, et le paysan comprit qu'un intrus était venu et avait tout dévoré.

L'année suivante, ce fut au tour du cadet. Comme son frère avant lui, il partit en se pavanant, jurant qu'il découvrirait quelle créature dévorait l'herbe. Néanmoins, au plus profond de la nuit, alors qu'il s'allongeait pour se reposer, de terrifiants grondements retentirent de nouveau, accompagnés de secousses, et le garçon rentra chez lui à toutes jambes. Le lendemain matin, presque toute l'herbe avait disparu.

Aussi, l'année suivante, le père demanda à Irène si elle voulait y aller. Elle accepta volontiers.

Ses frères se moquèrent d'elle :

« Tu ne trouveras jamais le coupable, dirent-ils. Tu passes ta vie dans les écuries. Tout ce que tu sais faire, c'est t'occuper des chevaux. Pourquoi réussirais-tu là où nous avons échoué ? »

Irène ne fit pas attention aux moqueries de ses frères et, d'un pas léger, elle se dirigea vers la grange. Quand la nuit tomba, elle s'allongea pour se reposer sur la paille et sentit le sol trembler, tout comme ses frères avant elle. Les murs aussi s'ébranlèrent et les tuiles s'entrechoquèrent si fort qu'elle eut peur que le toit ne s'effondre. Cependant, elle ne prit pas la fuite. Au contraire, elle s'avança à pas de loup jusqu'à la porte et jeta un œil à l'extérieur. Là, sous les rayons de la lune, broutant l'herbe, se trouvait le cheval le plus beau, le plus grand et le plus puissant qu'elle ait jamais vu. Sa robe brun roux luisait dans la nuit tandis que, près de lui, gisaient un casque, un plastron et un bouclier en bronze.

« Alors c'est toi qui dévores notre foin », murmura Irène.

Elle sortit sans bruit de la grange et enfila le casque. Il lui allait parfaitement. Elle prit ensuite le plastron étincelant et le bouclier orné de pierreries. Puis, avec légèreté, elle s'élança sur le dos du cheval. L'animal s'apaisa aussitôt, si bien qu'Irène le conduisit à un endroit qu'elle tenait secret depuis longtemps.

« Je te nomme Bronze, déclara-t-elle. Je reviendrai tous les jours te soigner. Il y a de l'herbe à manger en abondance dans la journée et le plus beau foin quand il fait froid la nuit. »

Quand elle rentra, les frères d'Irène l'attendaient, prêts à la taquiner et à se moquer d'elle.

« Comment ça s'est passé ? demandèrent-ils.

– Oh ! pas le moindre problème, leur répondit Irène avec désinvolture. Je ne sais pas pourquoi vous faites tant d'histoires. J'ai dormi comme une souche et l'herbe était toujours là ce matin. »

Les deux frères poussèrent un cri, mais leur père se contenta de sourire.

« Tu n'auras pas autant de chance l'année prochaine, se moqua l'aîné. C'était plus facile cette fois-ci. »

L'année suivante, à la Saint-Jean, les frères d'Irène n'osèrent toujours pas s'approcher de la grange, mais elle n'hésita pas une seconde. Cette année-là, après qu'elle se fut allongée sur la paille, le sol trembla plus fort que jamais.

Irène s'arma de courage pour aller regarder par la porte : là, broutait un cheval encore plus grand et plus puissant que le précédent. Sa robe, sa crinière et sa queue argentées luisaient sous les rayons de la lune, tandis qu'à côté de lui, gisaient un casque, un plastron et un bouclier, eux aussi argentés.

Comme la fois d'avant, Irène les revêtit et, prenant son courage à deux mains, elle sauta sur

le dos du cheval argenté. Lorsqu'il se mit à hennir et à piaffer, elle lui chuchota quelques mots afin de le calmer.

« Je te nomme Argent », déclara-t-elle en lui caressant la crinière. Puis elle le conduisit à sa cachette. « Je reviendrai te soigner, promit-elle. Ici, tu trouveras toute l'herbe nécessaire et tu tiendras compagnie à mon beau Bronze. »

L'année suivante, la veille de la Saint-Jean, Irène revint une fois de plus à la grange. Ce soir-là, le sol trembla comme jamais auparavant. Irène fut jetée d'un bout à l'autre de la grange, puis tout redevint silencieux.

Elle glissa un œil par la porte... Là, sous les rayons de la lune, se tenait le cheval le plus grand de tous. Sa robe était d'or bruni, tout comme sa crinière et sa queue, et à côté de lui, se trouvaient un casque d'or, avec un plastron et un bouclier assortis. Irène les revêtit, puis sauta sur le cheval. Il était si grand et si fort qu'elle eut du mal à le maîtriser. Il hennit et se cabra, mais elle se cramponna à sa crinière dorée et quand elle lui flatta l'encolure pour le calmer, il s'apaisa. Elle le conduisit lui aussi jusqu'à sa cachette.

« Je te nomme Or, dit-elle. Tu brilles comme le soleil. »

Peu après, il fut annoncé aux quatre coins du pays que le roi organisait un tournoi pour trouver une personne capable de monter au sommet de la Colline de verre. Le fils du roi y siégerait, et le gagnant serait le premier qui réussirait à prendre les trois pommes d'or que tiendrait le prince. En échange, il aurait le droit de choisir le plus beau cheval des écuries royales.

À peine eurent-ils appris la nouvelle, que les frères d'Irène furent certains de réussir.

« Pas question que tu viennes, bien sûr ! » s'esclaffèrent-ils en montrant du doigt leur sœur. « Tu n'es qu'une fille et tu n'arriveras jamais à monter en haut de la Colline de verre. »

Irène se contenta de hausser les épaules.

Quand ses frères arrivèrent au bas de la Colline de verre, ils y trouvèrent une foule de princes et chevaliers qui tentaient de la gravir à cheval. Néanmoins, à peine avaient-ils fait quelques pas qu'ils glissaient jusqu'en bas… si bien qu'encore personne n'avait pu s'approcher des pommes d'or, au sommet.

« C'est impossible ! se plaignirent-ils au roi. Personne n'y arrivera. »

Soudain, un bruit de sabots se fit entendre, annonçant un chevalier vêtu d'une armure en bronze étincelante, monté sur un cheval si beau que personne n'en avait jamais vu de pareil. Le chevalier se mit à gravir la colline au galop. Quand il eut parcouru un tiers du chemin, le prince baissa les yeux sur lui et retint son souffle. Le chevalier fit alors faire demi-tour à son cheval et redescendit la pente de verre au galop, à grand fracas.

« Attendez ! » s'écria le prince, qui lui jeta l'une des pommes d'or. Le chevalier l'attrapa au vol puis repartit à vive allure, à travers les collines lointaines.

Ce soir-là, les frères d'Irène ne surent parler que du chevalier à l'armure en bronze étincelante.

« Si tu l'avais vu monter en haut de la Colline de verre sur sa belle monture ! » racontèrent-ils.

Le lendemain matin, Irène supplia ses frères de l'emmener, mais ils secouèrent la tête en se moquant d'elle.

Ils se dépêchèrent de partir pour la Colline de verre où, comme avant, les chevaliers et les princes essayèrent de monter au sommet, sans qu'aucun ne réussisse à dépasser quelques pas. Ils attendirent le retour du cavalier vêtu de bronze, en vain.

Puis, dans un grand fracas de sabots, un chevalier vêtu d'argent fit irruption. Son cheval était encore plus grand et plus beau que le précédent et sa robe argentée brillait au soleil. Le chevalier se mit à gravir la colline. Arrivé aux deux tiers de la pente, il fit faire demi-tour au cheval argenté et redescendit.

« Attendez ! » s'écria le prince, qui lui jeta la deuxième pomme. Le chevalier l'attrapa au vol et s'enfuit au galop à travers les collines lointaines.

Ce soir-là, les frères d'Irène ne cessèrent de parler du chevalier à l'armure argentée et de la manière dont il était parvenu à gravir les deux tiers de la pente.

« Demain, c'est le dernier jour du tournoi, car il ne reste qu'une pomme.

– Laissez-moi vous accompagner, supplia Irène.

– Non, se moquèrent ses frères. Tu as une odeur d'écuries ! Pas question qu'on te voie avec nous. »

Le lendemain, au petit matin, les deux frères partirent en hâte pour la Colline de verre, en espérant que le chevalier d'argent reviendrait. Mais pas un signe de lui. Le prince se tenait au sommet de la colline avec la dernière pomme d'or, mais personne ne réussit à l'atteindre.

Puis, alors même que l'assistance perdait

espoir, un bruit de galop retentit. À l'horizon, surgit un chevalier vêtu d'or bruni, monté sur un cheval doré si éblouissant que l'assistance dut se protéger les yeux comme devant le soleil. Jamais ils n'avaient vu un destrier aussi rapide.

Arrivé à la Colline de verre, le chevalier se mit à la gravir sans le moindre effort. Cette fois-ci, il atteignit le sommet et prit la dernière pomme d'or du prince. Puis, avant que ce dernier puisse parler, le chevalier doré fit demi-tour et redescendit au galop.

« Revenez ! » s'écria le prince, retrouvant enfin sa voix. Hélas, le chevalier était déjà redescendu et avait disparu dans un bruit de tonnerre.

Ce soir-là, le roi ordonna à tous les chevaliers et à tous les princes, y compris au cavalier qui avait pris les pommes, de venir à son palais.

« Nous pourrons alors célébrer la victoire du vainqueur et lui décerner sa récompense », dit-il.

Les chevaliers et les princes du pays accoururent

tous au palais comme l'avait demandé le roi, mais aucun n'avait les pommes d'or.

« Nous savons que quelqu'un les a, déclara le roi, car nous l'avons vu gravir la colline de nos propres yeux. »

Alors, il demanda à tous les habitants du royaume, aux fermiers, aux menuisiers, aux bûcherons, à tout le monde, de venir au palais.

Un par un, ils arrivèrent les mains vides.

Enfin, les deux frères d'Irène furent présentés au roi. Eux non plus n'avaient rien à montrer. Mais le prince les fixa d'un air pensif, comme s'il les reconnaissait.

« Peut-être faut-il aussi faire venir les femmes, suggéra le prince.

– Que veux-tu dire ? » demanda le roi.

En guise de réponse, le prince se tourna vers les deux frères :

« Qui d'autre vit avec vous ?

– Seulement notre sœur, Irène, répondirent-ils.

– Faites-la venir immédiatement au palais », ordonna le prince.

Les deux frères firent donc chercher Irène. Elle arriva au palais montée sur son cheval d'or plus brillant que le soleil, Bronze et Argent trottant derrière eux.

Les spectateurs en eurent le souffle coupé. Ses frères furent prêts de s'évanouir.

« Impossible ! marmonnèrent-ils.

– Avez-vous les pommes d'or ? demanda le prince en souriant.

– Oui, répondit Irène. Voici la première, la deuxième et la troisième. »

Une par une, elle les tira de ses poches. Le prince lui tapota alors l'épaule.

« Je n'ai jamais vu d'aussi beaux

chevaux, dit-il. Vous montez mieux que tous les chevaliers et princes du pays. Vous avez gagné ce tournoi. De plus, vous avez conquis mon cœur », ajouta le prince en ployant un genou. « Irène, consentez-vous à m'épouser ?

– J'accepte », répondit la jeune fille en souriant.

Les noces furent célébrées au pied de la Colline de verre. Et pour autant que nous le sachions, ils sont toujours là à festoyer, à rire et à galoper.

L'étalon noir

Le prince Doros s'était perdu en forêt pendant une partie de chasse : ayant pris le mauvais tournant, il s'était vite retrouvé dans des broussailles épineuses et de denses sous-bois, sans la moindre trace d'un chemin.

Il erra dans la sombre forêt tout un jour et toute une nuit, griffé par les branches et les ronces qui s'accrochaient à ses vêtements. Enfin, épuisé et affamé, il arriva par hasard dans une clairière. Au milieu, se dressait une grande tour en pierre, derrière laquelle se trouvait une écurie en bois.

« Je me demande qui habite là, se dit Doros en s'approchant de la lourde porte en bois. J'espère en tout cas qu'ils viendront à mon aide... » Il leva la main et frappa. Toc, toc... « Oh ! »

La porte s'était ouverte sur une grande pièce circulaire, apparemment vide. Dans la cheminée, un feu de bois crépitait. Devant, se trouvait une table chargée de gâteaux et pâtés en croûte.

« Y a-t-il quelqu'un ? » cria Doros. Sa voix résonna contre les murs en pierre, mais personne ne répondit.

Craintivement, il s'avança vers la table. Les victuailles sentaient si bon, et il avait si faim, qu'il ne put résister. Il prit un pâté et mordit dedans...

BOUM ! Un coup de tonnerre retentissant fit vaciller les flammes dans l'âtre. Doros cligna des yeux, puis vit un vieil homme vêtu d'un long vêtement sombre.

« Qui ose se servir sans ma permission ? demanda l'homme d'un ton furieux.

– Je suis désolé, bégaya Doros en sursautant. Je suis le prince Doros. Je ne suis pas un voleur ! Mais je mourais de faim... »

L'homme fronça les sourcils.

« Si vous mangez mes provisions, il faudra me rembourser en travaillant pour moi.

– Un prince paye toujours ses dettes, répliqua fièrement Doros. Que dois-je faire ?

– Entretenir le feu, et soigner mon cheval dans l'écurie. »

« Cela ne paraît pas trop difficile », se dit Doros en acceptant. Il pensait travailler un jour ou deux, puis repartir. Il ne savait pas que l'homme était un méchant magicien qui l'empêcherait de s'en aller.

Doros se mit au travail de bon cœur. Il alimenta le feu, et bientôt de belles flammes brillantes montèrent au-dessus des bûches incandescentes. Puis il sortit couper du bois jusqu'à en avoir les bras endoloris.

Dans l'écurie, il fit connaissance avec le cheval, un magnifique étalon noir appelé Solon, qui avait le don de la parole. Il nettoya sa stalle et lui apporta du foin et de l'eau fraîche. Puis, tout en chantant, il brossa sa robe soyeuse et peigna sa longue crinière flottante et sa queue. Quand il eut terminé, la robe de Solon luisait comme un ciel de minuit sans étoiles.

Toutefois, quand le prince voulut s'en aller, le magicien grommela que cela ne suffisait pas.

« Vous appelez ça un paiement ? dit-il d'un ton méprisant. Revenez entretenir le feu ! »

La nuit venue, Doros était épuisé. Il s'effondra dans un coin et s'endormit, pendant que, dans l'âtre, les flammes diminuaient progressivement...

Furieux, le magicien réveilla Doros.

« Gros paresseux, gronda-t-il. Le feu est presque éteint ! C'est comme ça que vous me remboursez ? Au travail, tout de suite ! »

Doros ne le savait pas, mais ce feu était la source du pouvoir du magicien. S'il ne brûlait pas jour et nuit, il perdrait son pouvoir.

Le lendemain, le magicien fit travailler Doros deux fois plus dur. Le prince fit de son mieux, sans jamais satisfaire le vieil homme. Doros alimenta le feu et coupa du bois jusqu'à ce qu'il ne sente plus ses bras. Puis il alla soigner le cheval…

Solon hennit tristement lorsqu'il vit Doros. Le prince était pâle et avait des cernes sous les yeux.

« Il ne t'arrivera rien de bon ici, soupira l'étalon. Mon maître le magicien te fera mourir à la tâche ; tu ne repartiras jamais. C'est un homme méchant, mais ensemble, nous pouvons nous échapper.

– Mais comment ? demanda Doros d'un air pensif. Si c'est un magicien, nous aurons bien du mal à le tromper. »

Solon hocha la tête. « C'est vrai, répondit-il, mais j'ai un plan. Pour commencer, apporte-moi ma selle et ma bride – et prends le peigne, le fouet et le miroir que tu trouveras dans le même placard. Vite ! »

Doros obéit et harnacha le cheval, bouclant les lanières de cuir souple autour de sa tête et de son flanc au poil luisant.

« Maintenant », hennit Solon en faisant cliqueter sa bride d'un coup de tête, « saute sur mon dos et en route. »

Doros à peine en selle, l'étalon partit au galop dans un bruit de tonnerre.

Le cheval, crinière au vent, allait si vite que Doros eut l'impression de voler. Bientôt, la forêt ne fut plus qu'une tache lointaine à l'horizon.

Peu après, derrière eux, ils entendirent alors comme l'écho d'un bruit de sabots. Le prince jeta un coup d'œil dans son dos et il vit un nuage de poussière au loin.

« Le magicien a créé une nouvelle monture », hennit Solon. Il accéléra l'allure, mais le nuage se rapprochait.

Quand Doros jeta un nouveau coup d'œil derrière lui, il distingua clairement le magicien. Le vieil homme, le visage déformé par la colère, montait un étrange cheval d'un roux flamboyant.

« Vite, jette le miroir derrière nous », cria l'étalon dans un halètement.

Doros prit le miroir dans la sacoche, puis le jeta au sol.

À peine le verre eut-il touché la terre qu'il se transforma en un immense lac de glace brillante. Quand le cheval à la robe couleur de feu s'avança sur la glace, des nuages de vapeur s'élevèrent autour de ses sabots. Le magicien l'éperonna, mais la surface était traîtresse. L'animal glissa et faillit tomber, si bien que le magicien dut renoncer et contourner le lac.

Pendant ce temps, Solon poursuivait sa course... Hélas, la monture du magicien était plus rapide qu'un cheval terrestre. Lentement mais sûrement, ils se rapprochaient. Quand le prince se retourna, il vit rougeoyer les yeux du cheval roux...

« Maintenant, jette le peigne ! » cria Solon. Doros obéit. Là où l'objet atterrit, une forêt surgit. Elle était si dense et broussailleuse qu'un oiseau aurait eu peine à la traverser. Quant au magicien, il fut obligé de descendre de cheval et de se frayer lentement un chemin à travers les branches.

Pendant ce temps, Solon continuait de galoper. Au lieu de se fatiguer, il semblait aller plus vite que jamais. Malgré cela, le prince entendit bientôt retentir les sabots derrière lui.

« Les vois-tu ? hennit Solon.

– Oui », répondit le prince en jetant un coup d'œil par-dessus son épaule. Le cheval roux était facile à repérer.

« Alors jette le fouet », lui dit Solon. Le prince obéit et – CRAAAC ! À l'endroit où il atterrit, le sol s'ouvrit et se remplit d'une rivière profonde au courant rapide.

Arrivé au bord, le magicien n'hésita pas et éperonna son cheval. Tandis que l'eau montait autour d'eux, les flammes magiques qui avaient créé le cheval flamboyant se mirent à crépiter et à crachoter pour enfin s'éteindre. Le cheval disparut, laissant le magicien au milieu de la rivière. Ce dernier poursuivit à la nage, une lueur furieuse au fond des yeux... mais à ce moment même, la dernière bûche de son feu se consuma et il perdit ses pouvoirs magiques. En poussant un cri, il s'enfonça sous la surface et disparut à jamais.

Le cheval de minuit et le prince étaient enfin libres. Cependant, leurs aventures n'étaient pas encore terminées.

L'étalon noir avait couru si vite qu'ils avaient laissé derrière eux tous les endroits que connaissait Doros. Le prince examina le paysage escarpé inconnu qui les entourait et poussa un soupir.

« Qu'allons-nous donc faire maintenant ? demanda-t-il.

– Fais-moi confiance et tout ira bien », répondit Solon d'un ton mystérieux.

Trop fatigué pour poser d'autres questions, Doros laissa l'étalon choisir la route. Ils poursuivirent leur chemin pendant plusieurs heures, passant devant des pentes rocheuses et des torrents rapides, avant d'arriver devant un magnifique château. Solon s'arrêta enfin.

« Trois princesses vivent ici, avec le roi leur père, expliqua-t-il au prince. Frappe à la porte et demande du travail. Attention : ne dis à personne que tu es prince et ne parle pas de moi.

– Ils ne me croiraient pas de toute façon », soupira Doros en baissant les yeux sur sa tunique sale et déchirée et sur ses mains calleuses.

Laissant l'étalon dans une grotte voisine, Doros se dirigea donc seul vers le château, où il se fit employer à balayer les feuilles dans les jardins. En échange, il reçut un sou par jour ainsi que ses repas, dont il réserva la moitié à son cheval, tout en distribuant les miettes aux oiseaux.

Personne ne fit guère attention au nouveau venu, sauf Eleni, la cadette des princesses. Elle l'aperçut de sa fenêtre et se demanda qui il était. Elle le trouva très beau et conclut qu'il avait bon cœur en le voyant nourrir les oiseaux.

Peu après l'arrivée de Doros, une compétition fut organisée. Des princes vinrent de loin pour y participer. Chaque princesse jetterait une pomme d'argent et celui qui l'attraperait l'épouserait. En souriant, les deux plus âgées jetèrent leurs pommes à deux nobles princes. Eleni hésita, puis jeta sa pomme haut dans l'air

par-dessus la tête de ses soupirants… Elle atterrit d'un bruit sourd au pied de l'humble balayeur.

Surpris, Doros regarda tout autour de lui, mais ne vit personne d'autre. Il ramassa donc la pomme et la tendit à Eleni. Comme il s'inclinait profondément pour la lui donner, leurs doigts se touchèrent et son cœur battit plus fort.

« Si seulement c'était moi, son soupirant ! » se dit-il, tandis qu'elle le remerciait d'un sourire éblouissant.

« C'était une erreur, bien sûr, gronda le roi. Recommence !

– Non, père, répondit doucement Eleni. C'est lui qui a la pomme, je vais donc l'épouser… s'il le veut bien ?

– Oui, princesse », s'écria galamment Doros, incrédule quant à sa bonne fortune.

Le roi fronça les sourcils. « Comme tu veux », lança-t-il d'un ton sec.

Les deux aînées épousèrent donc leur prince et vécurent dans le luxe, tandis que la cadette, avec le serviteur, s'installa dans la cabane du jardinier. Pourtant, les deux époux étaient au comble du bonheur ensemble. Ils vivaient tranquillement – jusqu'à ce qu'un jour, ils apprennent qu'une armée était sur le point d'envahir le pays.

Le roi convoqua les époux des deux aînées et leur commanda de seller leurs plus beaux destriers.

« Puis-je vous accompagner ? » demanda Doros.

Les deux princes rirent avec mépris. Le roi secoua la tête.

« Vous, le jardinier ! Que savez-vous de la guerre ? Vous ne montez même pas à cheval ! »

C'est ainsi que le roi s'en alla avec les princes, tous trois placés à la tête de son armée, au petit galop, sur leurs éblouissants chevaux fringants aux queues et aux crinières flottant dans le vent.

Doros était décidé à les suivre. À peine le roi

fut-il hors de vue qu'il se précipita à la grotte de Solon, auquel il raconta toute l'affaire.

« Pfft ! » souffla l'étalon en apprenant l'invasion. « Au combat ! » Il frappa le sol de la grotte d'un sabot puissant.

Crac ! La roche se fendit pour révéler une armure en or poli et une épée brillante en argent. Doros sourit.

Peu après, Doros rejoignait l'armée au galop sur son magnifique destrier noir comme la nuit, son armure et son casque étincelants au soleil.

Personne ne reconnut Doros sous son casque. Il se battit comme un lion avec son épée en argent qui jetait des éclairs. Solon se montra tout aussi courageux, se frayant sans peur un chemin dans la mêlée.

Les forces du roi peinaient, mais dès que Doros apparut, leur chance tourna. Après quelques escarmouches, l'ennemi s'enfuit.

« Hourra pour le chevalier à l'armure dorée ! cria le roi triomphalement.

– Hourra ! Hourra ! » répéta l'armée reconnaissante.

Alors que Doros levait le bras en remerciement... plusieurs gouttes de sang rouge vif éclaboussèrent le sol.

« Vous êtes blessé ! » s'exclama le roi, inquiet, en sortant un mouchoir de soie pour en faire un

bandage. « Qui êtes-vous ? » demanda-t-il, tout en pansant la blessure lui-même avec son mouchoir.

L'étranger ne répondit rien. Il se contenta de secouer la tête, puis s'en alla au galop.

Ce soir-là, il y eut un banquet au château pour fêter la victoire. Toute la conversation tourna autour du mystérieux héros venu à l'aide du roi.

« Je n'ai jamais rien vu de pareil, s'exclama le roi avec admiration. Il était intrépide. Entièrement vêtu d'or sur un destrier noir... C'était un spectacle magnifique.

– J'aurais bien voulu y assister », soupira l'aînée des princesses.

Pendant ce temps, Doros dormait profondément sur son matelas de paille dans sa cabane. Épuisé, il n'entendit pas sa femme rentrer.

« Oh non ! » se dit Eleni en voyant le pansement sur son bras. Elle se pencha pour examiner la blessure – et poussa un léger cri.

Là, sur le bandage en soie, figurait une couronne royale, qu'elle reconnut...

« C'est le mouchoir de père ! s'écria-t-elle. Doros est donc le héros dont tout le monde parle ! »

Doucement, elle embrassa son époux endormi, puis alla voir le roi...

Surpris et enchanté par le courage de son beau-fils, le roi lui donna un palais et la moitié du royaume en récompense. Il fit aussi construire de belles écuries pour Solon.

À travers tout le pays, les fêtes et réjouissances durèrent des semaines, et le prince, la princesse et l'étalon magique à la robe couleur de ciel nocturne vécurent heureux tous ensemble, pour le restant de leurs jours.

Le petit poney au dos rond

Il était une fois trois sœurs qui vivaient dans une ferme. Les deux aînées, Lena et Nena, étaient sages et insipides, et à vrai dire plutôt égoïstes. Yana, la cadette, avait sans cesse la tête dans les nuages et ne faisait rien comme tout le monde, si bien que Lena et Nena la trouvaient très bête.

S'il pleuvait, Yana étendait le linge dans la cour.

« Mais il ne séchera jamais ! se moquait Lena.

– Non, mais il sera bien rincé », répondait doucement Yana.

Lorsque le soleil tapait, Yana alimentait le feu et faisait du pain.

« Il fait trop chaud dans la maison maintenant ! gémissait Nena en s'éventant.

– Pardon ! répondait Yana. Il faisait déjà si chaud, je me suis dit que tu ne remarquerais rien. »

Alors, Lena et Nena levaient les yeux au ciel et soupiraient : « Quelle idiote ! »

À un bout de la ferme se trouvait un grand verger de pommiers. Malheureusement, cette année, il n'y avait presque aucun fruit. Chaque nuit, les pommes les plus délicieuses disparaissaient. Lena et Nena essayèrent de monter la garde, mais le nez et les doigts engourdis par le froid, elles finirent par aller s'abriter dans la grange et ne virent donc rien.

Ce fut ensuite au tour de Yana : elle se posta parmi les arbres sans se soucier du froid. Un vent glacial soufflait du nord mais elle en avait à peine conscience. Elle était trop occupée à sourire aux étoiles.

Puis elle entendit un bruit de sabots. Elle se retourna et, parmi les arbres, elle aperçut une jument à la robe laiteuse. Sa crinière et sa queue descendaient presque jusqu'au sol en boucles dorées. Yana la vit dresser le cou pour décrocher une pomme rouge bien mûre.

« Alors, c'est toi la voleuse ! » murmura Yana.

Lentement, à pas de loup, elle s'approcha de la jument... qui était trop occupée à croquer sa pomme pour la remarquer.

Quand elle fut assez près, elle s'élança sur son dos. Hélas, au dernier moment, celle-ci l'entendit et fit demi-tour pour s'enfuir. C'est ainsi que Yana atterrit dans le mauvais sens, face à la queue de la jument. Elle ne put alors que se cramponner pendant que l'animal se cabrait et se tordait pour se débarrasser de sa cavalière.

Soudain, la jument se précipita à travers les arbres, sauta par-dessus le mur et prit au galop la direction des collines, au loin. Yana, cramponnée à la queue, s'efforça de ne pas penser à la possibilité d'une chute.

Enfin, la jument s'arrêta, hors d'haleine, la bouche écumante. Elle tourna sa belle tête blanche pour examiner Yana. Puis, à la grande surprise de la jeune fille, elle se mit à parler.

« Laisse-moi partir, je t'en supplie ! fit-elle. En échange, je t'amènerai trois jeunes chevaux. Il y aura deux beaux poulains noirs comme la nuit, à la crinière et à la queue dorées. Le troisième sera un poney au dos rond, petit mais au grand cœur. Ils te porteront grande chance, mais il ne faudra pas que tu te sépares du poney. Promets-le !

– Je le promets », répondit sincèrement Yana, en lâchant la queue et en glissant à terre.

La jument la remercia d'un hennissement, avant de faire demi-tour et de s'enfoncer tranquillement au trot dans l'obscurité. Yana la suivit des yeux, puis, quand celle-ci eut disparu, elle fit demi-tour et rentra chez elle seule à pas lourds. Après ce long chemin, elle s'effondra dans son lit, épuisée et abasourdie.

Elle fut réveillée par ses sœurs qui la secouaient.

« Tu étais supposée monter la garde ! lui cria Lena. Mais te voilà couchée. Grosse paresseuse !

– J'ai bien monté la garde, bâilla Yana. J'ai même attrapé le voleur !

– Alors, que s'est-il passé ? » demanda Nena.

En se frottant les paupières, Yana raconta son aventure à ses sœurs. Quand elle eut fini, les deux aînées levèrent les yeux au ciel.

« Idiote, soupira Lena, tu as dû rêver. »

Pourtant, le lendemain, Yana découvrit trois poulains dans le champ le plus éloigné. Deux d'entre eux, d'un noir d'ébène, avaient une crinière et une queue dorées. Le troisième avait une drôle d'allure : atteignant à peine les genoux de Yana, il avait une robe bai brun, de longues oreilles d'âne et le dos rond.

« Oh ! qu'il est amusant », s'exclama Yana affectueusement en se penchant pour lui flatter le nez. Ravi, il fit claquer ses oreilles et se mit à gambader en frappant avec joie le sol de ses petits sabots.

En voyant les poulains, Lena et Nena comprirent que Yana avait dit la vérité. Cependant, elles n'étaient pas satisfaites : « À toi de t'en occuper, jeta Lena d'un ton sec. Nena et moi, nous avons déjà assez à faire ! »

Yana soigna donc les poulains toute seule. Elle les étrillait, nattait leur crinière et leur donnait l'avoine et le foin les plus délicieux. Tous les soirs, elle les rentrait dans la grange ; tous les matins, elle les faisait sortir pour qu'ils se roulent dans la rosée.

Les deux poulains noirs devinrent de grands étalons à la fière encolure et à la crinière et à la queue onduleuses – des chevaux dignes du tsar lui-même. Le petit poulain au dos rond, quant à lui, devint... un petit poney au dos rond, mais il était joyeux et affectueux, et Yana l'aimait beaucoup. Elle lui confiait toutes ses pensées et, parfois, elle était presque sûre qu'il la comprenait.

Il en fut ainsi jusqu'à ce qu'un jour, Lena et Nena, en passant devant leur champ, remarquent les chevaux.

« Regarde-moi ça, dit Nena. Ces étalons noirs

doivent certainement valoir une véritable fortune !

– Prenons-les et vendons-les, répondit Lena. Ce n'est pas juste que Yana les garde pour elle. La ferme nous appartient à toutes les trois.

– D'accord – et nous lui laisserons ce drôle de petit poney, se moqua Nena. Il n'y a que Yana pour avoir envie d'un animal aussi laid ! »

Le lendemain matin, elles se levèrent avant l'aurore et partirent pour la foire aux chevaux. Elles étaient déjà bien loin quand Yana se réveilla.

Quand elle alla sortir les chevaux, il ne restait que le petit poney au dos rond.

« Où sont tes frères ? s'écria-t-elle. Les a-t-on volés ? Mes pauvres étalons, que vais-je faire… »

Elle fut encore plus choquée lorsque le poney répondit : « Tes sœurs les ont emmenés pour les vendre, mais ne crains rien ! Saute sur mon dos, nous les rattraperons vite. »

Yana s'assit doucement sur son dos en pliant les

genoux pour ne pas laisser traîner ses pieds par terre.

« Maintenant, cramponne-toi bien à mes oreilles... » Sur ces mots, le petit poney au dos rond se cabra et partit. Il allait à une telle vitesse que le vent faisait claquer ses oreilles et que des larmes montèrent aux yeux de Yana.

Elle cligna des yeux et vit qu'ils étaient déjà à mi-chemin.

Elle les cligna de nouveau... et aperçut ses sœurs conduisant chacune un bel étalon noir et parlant avec insouciance de ce qu'elles achèteraient avec l'argent de la vente.

« Pourquoi m'avez-vous pris mes chevaux ? » demanda simplement Yana.

Les sœurs échangèrent des regards.

« Euh... Nous avions besoin d'argent pour... euh... acheter des choses pour la ferme, dit Lena.

– Oui, ajouta rapidement Nena. Nous ne voulions pas t'inquiéter, mais il fallait vendre quelque chose... Et ces beaux chevaux sont la meilleure solution. »

Lena hocha la tête vigoureusement.

« Oui, des animaux comme ceux-ci valent bien une centaine de pièces d'or chacun !

– Dans ce cas, je viens avec vous ; je vous aiderai à les vendre, répondit Yana.

– Tu es sûre ? demanda Lena à contrecœur. Tu ne connais rien à la vente.

– Eh bien, j'apprendrai », répondit Yana simplement.

Les trois sœurs poursuivirent donc leur chemin ensemble, tandis que Lena et Nena se creusaient la tête pour savoir comment se débarrasser de Yana.

En traversant une forêt, elles aperçurent une lueur parmi les arbres. Rouge et jaune, elle vacillait comme une flamme...

« Regardez, dit Lena, quelqu'un a laissé un feu allumé, là-bas.

– Oh non ! s'exclama Nena. S'il se propage, la forêt entière risque de brûler. Il faut l'éteindre.

– Impossible, dit Lena. Nous risquons d'arriver en retard à la foire !

– Je m'en charge, proposa Yana.

– Merci », répondirent ses sœurs, qui repartirent en hâte pendant que Yana et le poney au dos rond se dirigeaient vers la lueur.

Comme ils se rapprochaient, les flammes se mirent à briller plus fort, mais sans crépitement, ni fumée, ni étincelles...

« Étrange », se dit Yana.

Puis elle poussa un cri de surprise. Là, sur une branche, se trouvait une longue plume rouge et or. Elle brillait comme une flamme. Perplexe, Yana tendit la main...

mais contre toute apparence, elle était douce et tiède au toucher. « Qu'elle est belle ! »

Elle allait la glisser dans ses cheveux lorsque le poney au dos rond lui dit :

« Attention, c'est une plume d'oiseau de feu. Elle te portera malheur si quelqu'un la voit. » Yana la mit donc dans la poche de sa tunique.

Puis ils reprirent la route au galop et rattrapèrent les deux sœurs aux abords de la ville. Une foule affluait dans les rues qui menaient à la foire, accompagnée de toutes sortes de chevaux : de jolis poneys, de puissants chevaux de trait, des chevaux d'attelage qui levaient haut leurs sabots...

Les étalons suscitèrent un vif émoi. Personne n'en avait jamais vu d'aussi beaux. Les gens s'attroupèrent bien vite autour d'eux en marchandant pour les acheter. Il y avait tant de bruit que le tsar lui-même l'entendit de son palais et sortit en carrosse pour savoir ce qui se passait.

Dès qu'il eut vu les étalons, il voulut les avoir, car il lui fallait toujours ce qu'il y avait de mieux.

« Ces chevaux sont faits pour une écurie royale, déclara-t-il, je vous en donne un sac d'or chaque. »

Lena et Nena dissimulèrent un sourire.

« Très bien, Votre Majesté », répondirent-elles.

Les étalons furent donc vendus. Yana flatta leur encolure noire comme l'ébène, puis tendit leur longe au palefrenier du roi. « Vous les soignerez bien ? chuchota-t-elle tristement.

– Bien sûr, répondit-il, vexé. Le tsar possède non seulement les plus beaux chevaux, mais aussi les plus belles écuries et le meilleur palefrenier. » Il essaya alors de les emmener, mais ils refusèrent de bouger.

« Allez », ordonna le palefrenier, en leur tendant un morceau de sucre. Les étalons fixèrent le sucre et s'ébrouèrent.

« Allez ! » répéta-t-il en tirant sur les longes. Les chevaux montrèrent leurs dents.

« Maintenant ! » gronda-t-il en tirant plus fort.

En réponse, ils se cabrèrent, secouant leur crinière et leur queue. Ils lui arrachèrent les longes des mains et revinrent au trot vers Yana, puis attendirent sagement pendant qu'elle leur caressait le nez et ramassait les cordes.

« Je vois qu'il leur faudra un nouveau palefrenier », intervint le tsar, qui observait la scène. « Je t'embauche », dit-il à Yana.

Alors Yana donna l'or à ses sœurs et leur souhaita bonne chance ainsi qu'à

la ferme. Puis elle conduisit les étalons aux écuries du tsar, suivie du petit poney au dos rond.

Tous les matins, elle les laissa se rouler dans l'herbe brillante de rosée. Tous les soirs, elle les fit rentrer et les nourrit de miel, d'avoine et de blé. Elle les étrilla et natta leurs crinières. Les jours de fête, les étalons tiraient le carrosse du tsar dans les rues de la ville aux acclamations de la foule. Ils vécurent ainsi heureux tous ensemble... pendant un certain temps.

Le tsar était ravi de ses acquisitions et du nouveau palefrenier, mais le vieux palefrenier était moins content. Il détestait Yana. « Pourquoi faut-il qu'elle reçoive tous les éloges ? marmonnait-il. Ce n'est qu'une intrigante ! C'est moi le vrai palefrenier, je me suis toujours occupé des chevaux du tsar. » Il surveilla étroitement Yana en espérant avoir l'occasion de lui causer des ennuis.

Ce ne fut pas facile : Yana s'occupait trop bien des chevaux. Néanmoins, par une triste journée d'hiver, il aperçut une lueur étrange dans l'écurie. Il s'approcha et jeta un œil par une fente. À l'intérieur, Yana soignait les chevaux à la lumière de… « Une plume ? » s'étonna le palefrenier. D'un rouge et or ardent, la plume semblait émettre sa propre lumière.

Quand Yana eut fini, elle cacha la plume sous un vieux sac, mais le palefrenier vit à quel endroit. Dès qu'elle fut sortie, il se faufila à l'intérieur, la prit, puis la porta au tsar.

« De quel oiseau vient-elle ? » se demanda le tsar, en la retournant dans sa main, la lumière dorée s'écoulant à travers ses doigts. « Ce doit être une merveille. Je meurs d'envie de le voir !

– Votre Majesté ne mérite pas moins », dit mielleusement le vieux palefrenier.

Le tsar hocha la tête.

« Qui peut me l'apporter ?

– Yana, répondit vite le palefrenier. La plume lui appartient.

– Fais-la venir ! » commanda le tsar.

Yana fut horrifiée quand elle vit le tsar la plume à la main. « C'est une plume d'oiseau de feu, reconnut-elle, mais je n'ai jamais vu l'oiseau lui-même. J'ai trouvé cette plume dans les bois. »

Le vieux palefrenier eut un sourire rusé.

« Oh ! mais je t'ai entendue seulement hier te vanter de pouvoir en attraper un. »

Le tsar fronça les sourcils. « Alors ma nouvelle palefrenière est une menteuse ! s'énerva-t-il. Tu mérites d'être jetée dans le cachot le plus sombre... mais si tu m'apportes un oiseau de feu, je te pardonnerai. »

Yana s'inclina et repartit en hâte. De retour dans les écuries, elle raconta ses ennuis au petit poney au dos rond.

« Que faire ? soupira-t-elle. Comment lui apporter un oiseau de feu, je n'en ai même jamais vu ! Personne d'autre non plus. Si seulement je n'avais pas trouvé cette plume. »

Le poney au dos rond la frotta de son nez.

« Je peux t'aider, dit-il. Les oiseaux de feu vivent sur la Montagne d'argent, et en grand nombre. Aucun être humain n'y est jamais allé. Moi, si. Je t'y emmènerai. Écoute bien : prépare une sacoche solide, une bouteille de vin et un sac de grains... »

Le lendemain, Yana et le petit poney partirent à l'aube avec, dans une grosse sacoche attachée à la selle, un sac de grains et une bouteille de vin. Ils allaient à vive allure, les oreilles du poney flottant au vent. Au bout de sept jours et sept nuits, ils arrivèrent devant une sombre forêt aux arbres enchevêtrés.

« La Montagne d'argent se trouve de l'autre côté de ces arbres, expliqua le poney au dos rond.

– Il n'y a pas de sentier ! s'exclama Yana.

– Eh bien, il faudra nous en frayer un », répondit le poney.

Yana mit donc pied à terre et ils s'enfoncèrent ensemble à travers les branches et les ronces. Enfin, les arbres commencèrent à s'éclaircir et Yana aperçut un éclair d'argent... « La montagne ! » s'écria-t-elle. Elle brillait au loin, son sommet si haut qu'il se perdait presque dans les nuages. Au bout d'un jour et d'une nuit, ils arrivèrent au bas du mont à gravir.

« Mais il n'y a pas de sentier », dit de nouveau Yana, devant la pente raide argentée.

« Je n'en ai pas besoin », répondit le poney en hochant la tête et en faisant claquer ses oreilles. « Saute sur mon dos ! »

Dès qu'il sentit les bras de Yana autour de son cou, il s'élança, rapide et le pied sûr. Il monta de plus en plus haut, si bien que Yana n'osa bientôt plus baisser les yeux.

Presque au sommet, se trouvait une saillie, d'où

une source s'écoulait en gargouillant dans un minuscule bassin argenté, avant de descendre la pente en cascades scintillantes. Autour du bassin, poussait une mousse vert émeraude émaillée de fleurs colorées. C'était un endroit magnifique.

« Les oiseaux de feu viennent ici se désaltérer à l'aube, annonça le poney. Trempe les grains dans le vin, éparpille-les autour de la source, puis cache-toi derrière ce rocher. En mangeant les grains, les oiseaux de feu s'assoupiront. Sors vite de ta cachette et saisis le plus proche, puis mets-le dans la sacoche avant qu'il ne s'envole. »

Yana fit donc tremper les grains, les éparpilla, puis se cacha. Ensuite, elle attendit... Au moment même où le soleil apparaissait à l'horizon, un éclair d'or attira son regard. Cet éclair se transforma en une flambée, tandis que des dizaines d'oiseaux de feu descendaient des nuages pour se percher sur la saillie. Leurs plumes couleur d'or rouge dégageaient une

lumière, éclairant le demi-jour de l'aube comme un soleil de midi.

Les oiseaux se mirent à picorer les grains avec gourmandise, en poussant des cris de plaisir. Alors qu'ils mangeaient, leurs paupières s'alourdirent. Un par un, ils se cachèrent la tête sous une aile et s'assoupirent.

« C'est le moment ! » pensa Yana. Elle s'avança à pas de loup, tendit la main et la referma sur un oiseau endormi.

Celui-ci se réveilla immédiatement. Il se mit à battre des ailes pour se libérer. Ses cris désespérés réveillèrent ses compagnons, qui s'envolèrent à tire-d'aile, remplissant l'air d'une lumière éblouissante avec leurs ailes rouge et or. Mais Yana tint bon.

L'oiseau était d'une chaleur surprenante au toucher, comme si la lumière qu'il dégageait était vraiment une sorte de flamme.

« Vite, mets-le dans la sacoche avant qu'il ne

te brûle la main », avertit le poney au dos rond.

Yana obéit. « Allez, allez, petit oiseau, dit-elle d'un ton rassurant. Je ne te veux pas de mal. Je désire seulement t'apporter au tsar. Tu seras à ta place à la cour. »

Puis elle attacha doucement la sacoche derrière la selle, et ils repartirent. Les oreilles du poney au dos rond battant au vent, ils redescendirent au trot la montagne et retraversèrent l'épaisse forêt.

En attendant leur retour, le tsar s'impatientait.

« Vite ! » s'écria-t-il dès qu'il aperçut Yana. « Où est cet oiseau fabuleux ? »

En réponse, Yana ouvrit le sac. L'oiseau de feu surgit, son éclatant plumage inondant le palais d'une lumière dorée vacillante. Il tourna autour de la pièce, puis vint s'abattre sur le dossier du trône. Le tsar lui caressa les plumes.

« Quel oiseau magnifique ! » s'exclama-t-il, ravi.

Le vieux palefrenier fit la moue. « Je vais quand

même réussir à me débarrasser de Yana, se dit-il amèrement. Sinon cette fois, du moins la prochaine. Patience. »

Le tsar était fier de l'oiseau de feu. Il se pressait de le montrer à tous les visiteurs, ravi de leurs cris d'admiration… jusqu'à ce qu'un jour, un étranger venu de l'autre bout de la Terre lui dise en souriant d'un air hautain :

« Votre oiseau est vraiment très beau, mais pas autant que la Fille du feu.

– Qui est-ce ? demanda le tsar, vexé.

– Mais c'est la sœur du Soleil, répondit l'étranger. Elle parcourt l'océan dans un bateau doré, et ses longs cheveux d'or sont aussi brillants que les rayons du soleil.

– Il faut que je la voie, soupira le tsar. Le

moment est venu de me trouver une épouse, et pourquoi pas cette Fille du feu ?

– Ce sera difficile, remarqua l'étranger. Elle ne vient à terre que deux fois par an.

– Je vais envoyer Yana, décida le tsar. Si elle est capable de me trouver un oiseau de feu, elle trouvera la Fille du feu. Sinon, je la jetterai en prison ! »

Consternée, Yana chuchota au poney au dos rond : « Je ne sais pas où se trouve la Fille du feu ! Que faire ?

– Ne crains rien, dit le poney. Je t'aiderai. Mais d'abord, il nous faut une tente en brocart d'or et un plateau doré rempli de gâteaux au miel. »

Le lendemain, ils se mirent en route avec la tente et les gâteaux dans une grande sacoche. Le poney au dos rond avançait vite, oreilles au vent. Au bout de sept jours et sept nuits, ils arrivèrent au bord de la mer. Le sable doré s'étendait jusqu'à l'eau scintillante d'un bleu saphir.

« Nous sommes sur le rivage du bout du monde », expliqua le poney.

Yana s'abrita les yeux pour scruter les vagues...

« Je ne vois aucun bateau, soupira-t-elle.

– Non, répondit le poney, mais monte la tente et dispose les gâteaux. » Yana obéit. « Maintenant, il faut attendre », ordonna le poney.

Alors que le soleil commençait à disparaître, Yana aperçut une lueur dorée à l'horizon. Lorsque celle-ci se rapprocha, Yana distingua un bateau doré. « La Fille du feu ! » souffla-t-elle.

Le bateau brillait vivement, mais pas autant que les cheveux de la jeune fille. Ses mèches dorées ondulaient d'un éclat incandescent, déversant sur

la rive chaleur et lumière, alors même que le soleil disparaissait à l'horizon.

Tandis que le bateau se rapprochait, Yana entendit une douce musique : la jeune fille chantait en s'accompagnant d'une harpe en or. Quand le bateau s'échoua sur le sable, elle sauta légèrement à terre et vint examiner la tente.

« Comme elle est jolie ! » s'exclama-t-elle d'une voix musicale. Puis elle aperçut les gâteaux au miel. « Quel régal ! » Elle allait en prendre un, lorsque Yana s'avança. La jeune fille se figea sur place, les yeux écarquillés.

« Chère demoiselle, ne craignez rien, dit Yana. Le tsar m'a envoyée vous chercher.

– Je préfère ne pas venir, dit la jeune fille avec simplicité. J'aime mieux parcourir l'océan, sentir les embruns et respirer l'air marin.

– Je vous en supplie, répondit Yana. Il m'a

menacée de me jeter aux oubliettes si je revenais sans vous.

– Il n'a pas le droit ! s'écria la jeune fille contrariée. Bon, je viens. Il faut lui donner une leçon. »

Elles partirent donc toutes deux sur le petit poney au dos rond. En route, elles firent connaissance et devinrent les meilleures amies du monde.

Le tsar fut enchanté de rencontrer la jeune fille. Il l'examina de la tête aux pieds avec intérêt. « Si je l'épouse, tous les autres rois m'envieront », se dit-il. Aussi, il lui demanda sa main sur-le-champ.

« Ah ! Votre Majesté, vous me flattez, répondit la jeune fille, mais je crains de ne pouvoir épouser quelqu'un d'aussi vieux ! Vous avez les cheveux blancs, et les miens sont dorés.

– Je ne peux faire reculer les pendules, dit le tsar, mais pensez-y : si vous m'épousez, vous serez reine et vous serez très riche.

– Quand même », lui répondit la jeune fille,

en secouant fermement la tête.

Puis comme le tsar insistait, la jeune fille finit par dire :

« Eh bien, il y a peut-être un moyen. Savez-vous qu'il est possible de rajeunir en se baignant dans un mélange de lait bouillant et de certaines plantes ? »

Le tsar réclama immédiatement un chaudron de lait bouillant et des plantes médicinales, comme l'avait recommandé la Fille du feu. Cependant, en examinant le récipient fumant, il se mit à avoir des doutes. « Et si ça ne marchait pas ? Il faudrait que quelqu'un d'autre essaye avant moi. Allez me chercher Yana ! »

Yana revint donc, suivie du petit poney au dos rond. Elle se mit à trembler en voyant le chaudron de lait bouillant.

« Ne crains rien, chuchota le poney. Laisse-moi toucher le lait et tout ira bien. »

Yana le regarda anxieusement tremper son nez dans le lait, puis le ressortir sans mal. Prenant courage, elle s'enfonça dans le liquide. À sa grande surprise, la température ne dépassait pas celle d'un bain chaud. La vapeur s'élevait autour d'elle, la cachant aux yeux des spectateurs. Puis elle en ressortit et entendit l'assistance s'exclamer.

Yana était maintenant aussi radieuse que la Fille du feu, et de ses cheveux dorés se dégageait aussi de la lumière.

« Remarquable ! » s'écria le tsar, qui se rua dans le lait, « plouf ! », puis en ressortit en poussant un cri de douleur. « Aïe ! » hurla-t-il en sautant d'un pied sur l'autre. « Que s'est-il passé ? Pourquoi cela n'a-t-il pas marché cette fois-ci ? »

La Fille du feu le regarda froidement.

« Vous demandez toujours trop et vous ne pensez jamais aux autres. Jamais je ne vous épouserai. »

Le tsar fronça les sourcils. Yana s'attendait à ce

qu'il explose de colère. Pourtant, les plantes eurent peut-être un effet, car il hocha la tête.

« Vous... vous avez sans doute raison, admit-il lentement. Je suis désolé. »

En prononçant ces mots dont il avait si peu l'habitude, il sentit la douleur de ses pieds s'apaiser.

La Fille du feu sourit, puis se tourna vers Yana.

« Je dois repartir maintenant, dit-elle. Veux-tu venir avec moi, Sœur du feu ?

– Avec grand plaisir ! » répondit Yana.

Aux côtés de la Fille du feu, elle repartit donc pour le rivage doré, à cheval sur le petit poney au dos rond, suivie cette fois des deux étalons noirs. Et ils vécurent heureux tous ensemble, en liberté, au bord de la mer d'un bleu saphir.

Le kelpie

Tout au nord de l'Écosse, sur les bords du loch Ness, vivaient un homme, avec sa femme et sa fille. Ils étaient pauvres et n'avaient qu'une petite maison et un minuscule champ qui descendait jusqu'au loch. Ils avaient peu à manger, les hivers étaient longs et ils redoutaient la famine.

Un jour de printemps, l'homme dit à sa femme :

« Je suis trop vieux pour labourer la terre cette année, et notre fille est encore trop jeune.

– Alors nous mourrons de faim, sanglota la femme. Si nous ne labourons pas la terre, nous ne pourrons rien planter... »

Mais l'homme montra du doigt les rives du loch.

« J'ai vu un cheval là-bas, galoper dans le bas-fond, dit-il. Il est noir comme la nuit ; il apparaît lorsque la lune est pleine et que l'eau brille de reflets argentés. Si je réussissais à l'attraper, nous pourrions l'atteler à une charrue. »

Alors, sa femme poussa un cri et s'accrocha à lui.

« Ne t'en approche pas, supplia-t-elle. N'as-tu pas entendu parler du cheval d'eau ? Ce n'est pas un animal ordinaire, mais un kelpie, dont la méchanceté n'a d'égale que sa sauvagerie.

– Billevesées », répondit l'homme.

Sa femme ne relâcha pas son étreinte.

« Une corde ne suffit pas pour le contrôler, il faut une bride en fer. Et une fois sur son dos, tu seras pris au piège. Il t'emportera dans les eaux glacées et tu ne reviendras jamais. »

L'homme vit la peur sur le visage de sa femme, mais la faim et le spectacle de son champ en friche pesèrent plus lourd. Aussi, lorsque la lune fut pleine et que les eaux du loch brillèrent de reflets argentés, il partit à la recherche du cheval d'eau.

Il le trouva debout dans l'eau peu profonde, noir comme la nuit et puissant comme les vagues d'une tempête. Avec une corde pour bride, il sauta sur le dos du cheval. À peine fut-il dessus que l'animal partit en flèche. Il se mit à courir le long du rivage, en s'ébrouant de colère.

Sa femme sortit de leur maison en criant : « Reviens ! Reviens ! Reviens ! »

L'homme comprit trop tard que les légendes du cheval d'eau étaient vraies. Il se sentit collé aux flancs du kelpie. Les mèches de sa crinière, semblables à des serpents, s'enroulaient autour de ses doigts pour le retenir. Et quand le kelpie fit demi-tour et plongea dans l'eau glacée, il sut qu'il était perdu.

Ainsi, il ne resta plus que sa femme et sa fille, seules dans la petite maison au-dessus du loch.

« Nous allons mourir de faim », se lamenta la femme au bout de quelques semaines. « Nous ne pouvons pas labourer la terre, alors où allons-nous trouver à manger ?

– J'irai à la pêche », répondit sa fille.

Mais la mère dit en secouant la tête :

« Il n'y a pas de poissons dans les eaux du kelpie.

– J'essayerai quand même », insista sa fille.

Elle alla s'asseoir sur les rochers, puis lança sa ligne. Elle attendit, pendant que le soleil se levait. Elle attendit, tandis qu'il redescendait dans le ciel.

Les rives du loch étaient désertes, puis une vieille femme apparut.

« Bonjour, lui cria la jeune fille.

– C'est en effet un bon jour, répondit la vieille femme. Ce sont les nuits que j'ai du mal à supporter, quand le froid me transperce les os.

– Attendez », dit la jeune fille, qui s'en alla en courant chercher la couverture de son père dans la maison. « Voilà, dit-elle en la lui tendant. Nous sommes peut-être pauvres, mais vous l'êtes encore plus.

– Merci, répondit la vieille femme. Prends mon vieux châle en échange et n'oublie pas ces mots : il vaut parfois mieux s'asseoir sur un châle que de s'en envelopper. »

Puis elle s'en alla. Et ce jour-là, la jeune fille pêcha un poisson.

Le lendemain matin, elle revint au bord du loch, où elle retrouva la vieille femme.

« Je n'ai pas de pain, dit la femme. Je meurs d'envie d'en manger un peu. »

La jeune fille ouvrit son sac et sortit le pain qui lui restait. « Tenez, dit-elle.

– Merci, répondit la vieille femme. Je te donne ceci en échange. » Elle mit alors un petit sac de sel dans la main de la jeune fille. « Maintenant, n'oublie pas ce que je vais te dire : le sel peut servir à calmer plutôt qu'à guérir. »

Puis elle s'en alla. Ce jour-là, la jeune fille pêcha deux poissons.

Le troisième jour, la vieille femme revint voir la jeune fille au bord du loch. Cette fois-ci, elle lui demanda une corde pour sortir son seau du puits.

La jeune fille rentra chez elle en courant, puis réapparut avec un bout de corde.

« Et voici le dernier de mes dons », dit la

vieille femme en tendant à la jeune fille une bride en fer. « Souviens-toi de ce que je vais dire : le fer ne sert pas seulement à fabriquer des chaudrons. »

Ce jour-là, la jeune fille pêcha trois poissons, mais elle savait que cela ne leur suffirait pas pour vivre. Pensant à ce qu'avait décidé son père et à ce qu'avait dit la vieille femme, elle attendit la pleine lune. Puis elle réunit le vieux châle, le petit sac de sel et la bride en fer.

« N'y va pas ! » supplia sa mère, qui avait deviné ce qu'elle voulait faire. « Quiconque monte sur un kelpie est perdu.

– Il faut que j'essaye », répondit sa fille.

Sur ces mots, elle partit en courant au bord du loch. Là, se trouvait le kelpie à la robe noire comme la nuit, qui lançait des éclaboussures dans le bas-fond en agitant sa crinière.

Se souvenant des paroles de la vieille femme, la jeune fille jeta le châle sur lui, puis sauta sur son dos.

Aussitôt, le kelpie prononça ces mots d'une voix profonde et terrible : « Quiconque monte sur un kelpie est perdu. »

Puis il s'élança le long du rivage. Les mèches de sa crinière, semblables à des serpents, s'enroulaient autour des doigts de la cavalière pour la retenir.

Se souvenant des paroles de la vieille femme, la jeune fille saupoudra du sel sur la crinière, qui se détortilla. Hélas, le kelpie se contenta de secouer la tête, avant de se lancer dans les vagues glacées.

Alors, la jeune fille se remémora les dernières paroles de la vieille femme et boucla la bride en fer sur la tête du kelpie.

Aussitôt, l'animal s'arrêta. Il se calma et s'apprivoisa. La jeune fille le fit sortir de l'eau, le harnacha et le mit au travail.

Le kelpie laboura le champ avec la force et la rapidité de dix chevaux.

« Oh ! » s'écria la mère en voyant le kelpie au travail. « Nous sommes sauvées ! Nous sommes sauvées. »

Le labour terminé, la jeune fille attendit de nouveau la pleine lune. Puis elle conduisit le kelpie jusqu'au loch. Elle le vit faire des éclaboussures dans le bas-fond argenté pendant un moment, puis il plongea dans les profondeurs et disparut. Telle est l'histoire du kelpie du loch Ness et de la seule personne qui parvint à l'apprivoiser.

Ivan et l'alezan

Ivan grandit dans une ferme dans les steppes russes, où les champs étaient brûlés par le soleil l'été, mais disparaissaient sous la neige l'hiver. Le travail était dur et le devint encore plus après la mort de son père.

Ivan et ses deux frères avaient promis à leur père qu'ils s'occuperaient de la ferme ensemble. Pourtant, le vieil homme à peine enterré, les deux aînés commencèrent à se plaindre et à grogner.

« Pourquoi rester tous les trois coincés ici ? soupira l'un. Ivan peut sûrement se débrouiller tout seul. »

L'autre approuva d'un hochement de tête.

« Les travaux des champs sont bien trop ennuyeux », opina-t-il en se lissant les cheveux. « Ils conviennent tout à fait à Ivan ; il manque d'ambition... mais toi et moi, nous méritons certainement mieux ! »

Ils laissèrent donc Ivan faire tout le travail tout seul, pendant qu'ils dépensaient l'argent dont ils avaient hérité dans des vêtements somptueux et de beaux chevaux. Ils parcouraient la campagne coiffés de toques à plumes et de capes en velours, se croyant les égaux de princes.

Tous les jours, Ivan se levait à l'aube pour traire les vaches, nourrir les poules et soigner le vieil âne qui tirait la carriole. Ensuite, il allait dans les champs et bêchait le lourd sol noir au printemps, ou coupait des brassées de blé doré bruissant à l'automne. Il travaillait sans se soucier des courbatures et ne se plaignait jamais, ni ne songeait jamais à faire autre chose, car il avait promis.

Un soir, ses frères rentrèrent tout excités. Un messager était arrivé dans la ville voisine avec une proclamation du roi : la princesse Helena, la fille du tsar, souhaitait se marier. Elle avait donc lancé un défi. Elle s'assiérait dans son palais, à la fenêtre de la plus haute tour, où elle attendrait qu'un cavalier suffisamment courageux réussisse à faire grimper sa monture jusqu'en haut de la tour pour lui donner un baiser à la fenêtre.

Les frères d'Ivan avaient chacun un beau cheval fougueux, et ils pensaient chacun de son côté pouvoir obtenir la main de la princesse.

« Seul un cheval aussi audacieux que le mien oserait accomplir un tel saut, fanfaronna l'un.

– Ah ! mais seul un sauteur comme le mien réussirait à s'élancer aussi haut ! » se vanta l'autre. Il se tourna vers Ivan : « Et le petit Ivan ? taquina-t-il. Ne veux-tu pas essayer ?

– Son pauvre vieil âne ne réussirait même pas à franchir une bûche, encore moins à bondir jusqu'en haut d'une tour ! » ajouta le premier en ricanant.

En silence, Ivan continua à réparer le harnais de l'âne. Il mourait d'envie d'essayer, mais ses frères avaient raison, il n'avait pas de monture.

Les deux aînés passèrent les jours suivants à cheval, à franchir toutes les barrières et les haies de la ferme, bien décidés tous deux à prouver qu'ils étaient les meilleurs. Ensuite, ils allèrent en ville s'acheter de beaux atours.

De retour à la ferme, ils se pavanèrent devant un

miroir. « Belle Helena ! » soupiraient-ils en avançant les lèvres et en se plantant des baisers sur le dos de la main.

Ivan se retint de rire et s'en alla bêcher les champs. À midi, il s'assit sur une touffe d'herbe et tira de son sac un morceau de pain. Tout en le mâchant, il se mit à rêver éveillé…

Il montait un alezan splendide dont les mouvements débordaient d'énergie et de puissance.

Après avoir touché ses flancs des talons, il partait au galop. À son signal, le cheval s'élevait dans les airs. Il montait de plus en plus haut, comme s'il avait des ailes, le transportant jusqu'à la fenêtre où la belle princesse attendait…

« Si seulement... » soupira-t-il tristement. Puis il bâilla. Son travail était épuisant et il s'était levé de bonne heure.

« Je vais faire un petit somme », se dit-il. Il se mit bientôt à ronfler.

Dans son sommeil, Ivan rêva de son père...

« Père ! » s'écria-t-il avec joie en tendant les bras.

« Mon fils », répondit son père en le serrant dans ses bras, « je suis venu te remercier du travail que tu fais à la ferme. Toi seul as tenu parole ! En échange de ton dur labeur, je vais te dire comment obtenir la main de la princesse.

Le jour du concours, rends-toi au-delà des champs et appelle "Solnyshko", ce qui veut dire "Petit soleil". Un magnifique alezan arrivera. Il t'aidera si tu lui chuchotes ce qu'il doit faire, d'abord dans l'oreille gauche, puis dans la droite. »

En se réveillant, Ivan se demanda ce que cela voulait dire. « Ce n'était sans doute qu'un rêve, soupira-t-il en se frottant les yeux. Et pourtant, tout paraissait si réel ! À vrai dire... je n'ai rien à perdre à essayer ! »

Le jour du concours, les trois frères se levèrent tôt. Pendant qu'Ivan trayait la vache et donnait à manger aux bestiaux, ses frères étrillèrent leurs montures. Puis, leur poil bien luisant, ils les sellèrent et partirent au trot d'un air fier.

Ivan les suivit du regard, puis s'en alla aux champs. Arrivé aux confins de la ferme, il s'arrêta et appela d'une voix forte : « Solnyshko ! »

Sa voix résonna à travers la plaine sans que rien ne se passe. Se sentant un peu bête, il allait rentrer lorsqu'il entendit un tambourinement lointain. Des sabots ! Le bruit s'accentua, puis, soudain, un magnifique étalon sauvage surgit dans un vacarme assourdissant. Sa belle musculature frémissait sous une robe alezane qui brillait comme du cuivre bruni. Il poussa un hennissement qui résonna aussi clairement qu'une cloche.

Ivan lui tendit la main et l'animal s'approcha. Se dressant sur la pointe des pieds, Ivan lui chuchota, d'abord dans l'oreille gauche, puis dans la droite :

« Pourrais-tu, s'il te plaît, m'aider à conquérir la belle Helena en sautant jusqu'à sa fenêtre, dans la tour. »

L'étalon hocha la tête comme s'il disait oui. Avec prudence, Ivan se mit en selle. Le cheval sauvage resta calme et Ivan se sentit alors l'égal de tout noble ou chevalier.

« En route ! » cria-t-il, et l'alezan partit au galop.

Le sol disparaissait si vite sous les sabots du cheval qu'ils arrivèrent à la tour seulement quelques instants après les frères d'Ivan.

Une grande foule de soupirants s'était réunie à dos de cheval autour de la tour. Il y avait des princes sur des étalons qui caracolaient et des ducs sur des juments qui dansaient, des généraux sur des chevaux de cavalerie fougueux, ainsi que des gentilshommes sur de beaux chevaux de chasse... tous des champions. Partout où Ivan posait les yeux, il voyait des chevaux piétiner et ronger leur frein, dans une odeur de cuir et de crin.

Ivan resta modestement en retrait lorsque le concours commença. L'un après l'autre, les cavaliers s'avancèrent au galop vers la tour, puis poussèrent leur monture dans l'air. Obéissants, les chevaux se rassemblaient pour sauter le plus haut possible... mais personne n'arriva même à s'approcher de la fenêtre.

En haut de la tour, la princesse Helena parcourait impatiemment la foule des yeux.

« Sont-ils tous aussi incapables ? » soupira-t-elle.

Elle commençait à trouver les fiers seigneurs et les nobles un peu ennuyeux, quand elle aperçut Ivan, avec ses simples vêtements de fermier et son bon visage honnête.

« Qui est-ce donc ? » demanda-t-elle avec curiosité. Les courtisans se regardèrent et haussèrent les épaules.

La journée touchait presque à sa fin lorsque vint le tour d'Ivan. Il secoua les rênes, et l'alezan partit au petit trot, franchissant à vive allure l'espace qui le séparait de la tour. Quand il fut arrivé devant l'édifice, Ivan se pencha en avant et le cheval s'éleva dans les airs... La foule poussa un cri. Helena sortit la tête par la fenêtre, le cœur battant.

Le cheval monta de plus en plus haut. Personne n'avait fait mieux. Baissant les yeux, elle vit le crâne d'Ivan passer sous elle, mais ce fut tout. La foule poussa un cri de dépit.

Dès qu'ils furent retombés, Ivan secoua les rênes et fit revenir l'alezan pour essayer une deuxième fois. Avec un bond puissant, ils s'élevèrent de nouveau... si près qu'Helena put presque les toucher, mais pas assez pour un baiser.

Pourtant, Ivan n'abandonna pas. Une dernière fois, il lança sa monture vers la tour.

Dans un bruit de sabots retentissant, l'alezan dévora la distance. Puis, au signal de son cavalier, il sauta dans l'air si haut... qu'Ivan arriva jusqu'à la fenêtre et réussit à toucher de ses lèvres celles de la princesse. Il sembla aux spectateurs que l'alezan s'attardait dans les airs pendant qu'ils s'embrassaient.

« Mais, mais... soufflèrent les courtisans. Comment cela se peut-il ? C'est impossible ! »

En un instant, le cheval et Ivan redescendirent à terre et repartirent au galop. La princesse Helena se pencha par la fenêtre pour les apercevoir, mais ils avaient disparu.

« Je prends ce décret, déclara Helena aux courtisans. Mon cœur appartient à ce courageux cavalier, quel que soit son nom. Mon cœur et la moitié de mon royaume ! »

Au loin, par-delà les collines, l'alezan s'arrêta – et Ivan comprit. Il sauta de selle. « Merci », chuchota-t-il.

En réponse, le cheval secoua sa crinière et hennit, comme pour dire adieu, puis partit au galop vers le soleil couchant. Ivan le vit progressivement disparaître dans une lueur dorée.

Le lendemain, une foule immense se rassembla de nouveau au pied de la tour, espérant cette fois voir revenir le mystérieux soupirant. Où était-il ? Qui était-il ? Les spectateurs bavardaient tout en jetant des regards autour d'eux, désireux d'être les premiers à l'apercevoir.

Une trompette résonna, et la foule se tut. Puis, les portes du palais s'ouvrirent en grinçant et la princesse apparut. Elle scruta les visages des spectateurs. Elle ne jeta pas un second regard aux nombreux nobles et ducs, et s'arrêta à peine devant les deux aînés avec leurs toques à plumes et leurs capes en velours...

À côté d'eux se tenait un jeune fermier, maintenant à pied, car l'alezan avait disparu. En le voyant, elle lui sourit et lui tendit les mains.

« Je vous présente mon futur époux, votre futur tsar ! » annonça-t-elle à la foule. « C'est-à-dire, si vous acceptez ? » ajouta-t-elle vite à Ivan.

Ivan hocha la tête avec joie. « J'y consens », promit-il en s'avançant et en mettant sa main dans la sienne.

Alors, la princesse le conduisit au palais, tandis

que la foule poussait des acclamations si fortes que même l'alezan dut les entendre, où qu'il fût. Ils se marièrent et vécurent heureux jusqu'à la fin de leurs jours – grâce à Solnyshko, le splendide alezan.

Le cheval du magicien

« Ces anniversaires sont tous pareils, se plaignit le roi Sabur. Une année de plus, un nouveau tas de cadeaux assommants. »

La princesse Leïla soupira. « Tu dois pourtant bien en apprécier quelques-uns, père, dit-elle. La fontaine dorée de jus de grenade, par exemple, que t'a offerte le sultan de Turquie ? C'est gentil de sa part.

– Ennuyeuse ! répondit le roi.

– Ou la douzaine de chameaux blancs comme neige envoyée par le prince du Maroc ? ajouta-t-elle. C'est un cadeau très généreux, ne crois-tu pas ?

– Sans intérêt, grogna le roi. On me donne des chameaux tous les ans. Je veux autre chose ! »

La princesse Leïla poussa de nouveau un soupir. Son père était vraiment difficile. Toute la journée, des gens venus des quatre coins du globe avaient défilé, chargés de somptueux cadeaux. La salle du trône regorgeait de flacons remplis de parfums coûteux, de piles d'écrins contenant des bijoux tous plus précieux les uns que les autres et d'amoncellements de fleurs aux capiteux effluves. Mais le roi n'était jamais reconnaissant.

« Il reste une personne, annonça Leïla. C'est un magicien.

– Magicien ou pas, dit le roi d'un ton sec, je parie que ce sera aussi un écrin assommant plein de bijoux ennuyeux. »

La porte de la salle du trône grinça, s'ouvrant sur un homme qui entra en traînant les pieds. Il avait le dos si courbé que son visage était à peine visible. Il était vêtu d'une cape usée et, quand il leva la tête, il fit voir un visage déformé, semblable à un reflet dans un miroir cassé.

L'homme poussait des grognements en avançant. Il tirait quelque chose derrière lui : un grand cheval mécanique, tout brillant à la lumière du soleil. La princesse Leïla admira l'extrême habileté avec laquelle il avait été fabriqué. Chaque délicate pièce de métal s'adaptait parfaitement à la suivante pour former le corps élégant du cheval.

L'homme finit par arriver devant le trône. Le roi Sabur l'examina d'un air impatient.

« Que m'as-tu apporté ? demanda-t-il. Cela ne peut être qu'un jouet mécanique.

– Ce n'est pas un simple jouet, Votre Altesse », répondit l'homme d'une voix rauque. Le roi et la

princesse se penchèrent vers lui pour mieux l'entendre.

« C'est bien plus. Si vous faites tourner la clé située sur la selle, il s'envole ! »

Le roi se redressa, l'air plus intéressé qu'à tout moment de la journée.

« Je n'en crois rien, s'exclama-t-il d'une voix forte. Je vais essayer. »

Le roi sauta de son trône et se précipita vers le cheval mécanique. Il mit le pied à l'étrier et s'assit sur son dos.

« Maintenant, à toi », dit-il.

Comme il l'avait promis, le magicien tendit la main et fit tourner la petite clé d'or située sur la selle...

« Incroyable ! » s'écria le

roi, tandis que les sabots du cheval décollaient du sol. Puis la bête s'envola, décrivant des arcs gracieux autour de la salle du trône. Le roi poussa des cris de joie, et la princesse Leïla battit des mains et se mit à rire. Elle n'avait pas vu son père aussi heureux depuis longtemps.

Quand le cheval fut redescendu, le roi souriait jusqu'aux oreilles. Il glissa de sa monture et serra la main du vieil homme.

« Tu es un vrai magicien, s'émerveilla-t-il. En échange de ce cadeau, je te donne tout ce que tu veux. À toi de fixer ton prix. »

Le magicien se frotta les mains.

« J'ai bien un souhait », répondit-il en ricanant d'un air rusé. « J'aimerais épouser votre fille. »

Ravi de son nouveau jouet, le roi entendit à peine la réponse du vieil homme.

« Oui, oui, c'est bon, accepta-t-il à la légère. Maintenant, j'aimerais repartir dans les airs. »

Leïla avait cessé de rire.

« Qu'est-ce que tu racontes ? dit-elle d'un ton incrédule. Je refuse d'épouser ce vieil homme. Tu n'as pas le droit d'y consentir sans me demander mon avis ! »

Hélas, le roi était devenu comme sourd. Il était trop occupé à admirer son nouveau cadeau.

« Écoute-moi, père, supplia la princesse Leïla. Ce cheval t'a jeté un sort. »

Le magicien s'approchait d'elle.

« Ma nouvelle épouse... dit-il, l'œil sournois.

– Je ne vous épouserai jamais ! » s'écria la princesse Leïla, qui se mit à courir, puis sauta sur le dos du cheval. Elle fit tourner la petite clé en or et le cheval décolla de nouveau. Ils traversèrent la salle du trône, puis sortirent du palais. Le départ soudain de la princesse Leïla fit revenir à lui le roi.

« Qu'ai-je fait ? s'écria-t-il. J'ai ignoré ma fille, tout cela pour un nouveau jouet étincelant. »

Il se précipita vers la porte, mais la princesse Leïla s'était déjà envolée si haut et si loin que le cheval n'était plus qu'un point à l'horizon.

« La princesse ne sait pas comment faire redescendre le cheval, gloussa le magicien. J'ai bien peur qu'elle ne revienne jamais. Elle se fera brûler par le soleil. »

Le roi se mit à crier de rage contre sa bêtise et la méchanceté du magicien, qu'il fit jeter sur-le-champ aux oubliettes.

La princesse Leïla traversait les nuages sur son cheval magique. Elle était si en colère qu'elle avait à peine remarqué à quelle altitude ils volaient.

« Je préfère ne jamais revenir plutôt que d'épouser cet horrible bonhomme », se dit-elle.

Le cheval volait vite. En contrebas, la princesse vit que le royaume de son père était loin. Les rivières ressemblaient à de minces rubans et les lacs éparpillés dans le paysage à des gouttes d'eau.

« Ralentis, doux cheval », demanda-t-elle, puis elle se dit de ne pas faire la sotte. « Ce n'est qu'un jouet. Il ne m'entend pas. »

Pourtant, le cheval parut ralentir. Timidement, Leïla lui toucha le cou, et le cheval vira rapidement à droite. Elle toucha alors l'autre côté, et le cheval vira à gauche.

Néanmoins, il volait de plus en plus haut et s'approchait dangereusement du soleil...

Heureusement, la princesse Leïla avait autant de bon sens que de beauté. Elle n'allait pas se laisser griller.

« Tout ce qui monte doit pouvoir redescendre, se dit-elle fermement. S'il y a une clé pour faire décoller le cheval, il doit y en avoir une pour le faire atterrir. »

En prenant soin de ne pas perdre l'équilibre, elle chercha l'autre clé. Elle la trouva là, dans l'oreille gauche du cheval, si petite qu'elle put tout juste l'atteindre.

Elle réussit à la faire tourner un peu, puis...

« Holà ! » cria la princesse Leïla, tandis qu'ils redescendaient à toute allure, droit sur un grand bâtiment aux dômes bleu et or.

« Nous allons nous écraser ! » hurla Leïla en fermant les yeux et en se préparant à la catastrophe. Heureusement, le pire n'eut pas lieu : le cheval se posa doucement sur le toit.

« Merci de m'avoir déposée en douceur », chuchota-t-elle. Cependant, elle n'avait aucune idée de l'endroit où elle se trouvait.

« Il va falloir que je me renseigne, déclara-t-elle. Je reviens dans un instant. »

Prudemment, elle s'avança sur les toits. Bientôt, elle aperçut une ouverture carrée dans la pierre. Ce n'était pas une fenêtre, seulement une bouche

d'aération destinée à rafraîchir la chambre qui se trouvait en dessous, mais elle était suffisamment grande pour elle. Elle se glissa par l'ouverture.

« Hé ! » s'exclama une voix forte à l'intérieur.

La princesse Leïla se figea. Elle avait dérangé un jeune homme assis sur un coussin en train de lire.

« Désolé d'avoir poussé ce cri, s'excusa-t-il. Je vous avais prise pour un cambrioleur, mais je me suis trompé...

– En effet ! confirma-t-elle. Je suis la princesse Leïla. Enfin, c'est ce que j'étais. Je me suis sauvée et donc, je ne sais plus vraiment qui je suis.

– On dirait que nous avons tous les deux des ennuis, répondit le jeune homme. Il se trouve que j'ai été kidnappé quand j'étais enfant. Je suis enfermé ici depuis.

– Épouvantable ! s'écria la princesse Leïla.

– Je suis le prince Kristan, expliqua le jeune homme. Mon ravisseur, le roi Cassim, a conquis le royaume de mon père et m'a fait prisonnier.

– Je peux vous aider à vous évader, déclara la princesse. Suivez-moi. »

Le prince Kristan eut l'air inquiet.

« Le palais fourmille de gardes à cheval, dit-il. Nous ne réussirons jamais à leur échapper.

– Ne vous en faites pas », le rassura la princesse Leïla, en remontant sur le toit, le prince Kristan sur ses talons. Ensemble, ils traversèrent le toit du palais à pas de loup.

« Vous pensez vraiment réussir à vous échapper sur un cheval en métal ? demanda le prince Kristan.

– Faites-moi confiance », répondit la princesse.

Elle monta en selle et fit signe au prince Kristan de s'installer derrière elle. « Et cramponnez-vous. »

Elle tourna la clé en or et le cheval décolla.

« Oh ! » s'écria le prince Kristan, tandis que Leïla prenait les rênes en main. « Incroyable ! »

Le roi Cassim était assis sur son balcon en train de manger du raisin et d'en cracher les pépins par-dessus la balustrade. Quand il aperçut le cheval volant, il se leva d'un bond, horrifié.

« Des intrus ! bredouilla-t-il. Revenez ! »

La princesse Leïla dirigea le cheval afin qu'il passe devant le balcon.

« Nous partons ! s'écria le prince Kristan. Merci pour rien. »

Le roi Cassim tremblait de fureur.

« Gardes ! Tirez ! Abattez cet engin et la méchante sorcière qui le pilote ! » hurla-t-il.

La princesse Leïla baissa les yeux et sa gorge se serra. Les abords du palais fourmillaient de gardes montés sur de puissants chevaux de bataille. Ils pointaient leurs arbalètes sur le cheval mécanique.

« Attention ! » hurla le prince Kristan, tandis que la première flèche arrivait en sifflant, puis rebondissait sur le flanc en métal du cheval.

Le cheval du magicien voleta dans l'air de-ci, de-là, changeant de direction à la moindre pression de la princesse Leïla.

« Au secours ! » cria un garde, tandis que Leïla et Kristan descendaient sur lui en piqué, passant à quelques centimètres de son oreille gauche.

« Hé ! » hurla un autre, alors que la princesse s'emparait de son casque puis, s'élevant dans le ciel, l'agitait dans l'air.

Les gardes cédèrent à la panique, vingt chevaux s'emballèrent de peur, puis vingt autres, et encore vingt autres...

Le roi Cassim sautait sur place sur son balcon.

« C'est une sorcière ! hurla-t-il. Tenez bon.

Ceux qui prendront la fuite seront jetés aux oubliettes. »

Mais les gardes avaient trop peur pour obéir. Ils avaient du mal à maîtriser leurs montures qui, terrifiées, fuyaient devant l'étrange machine volante.

Comme il ne restait personne pour les arrêter, la princesse Leïla et le prince Kristan s'envolèrent au loin dans le ciel sans regarder derrière eux.

« C'était génial ! sourit le prince Kristan. Rien que de voir leurs têtes ! »

Ils filaient à travers le ciel d'un bleu profond. La princesse Leïla apprit au prince Kristan comment diriger le cheval et lui montra où se trouvaient les clés dorées magiques. Ensemble, ils se faufilèrent entre des montagnes et descendirent en piqué le long de cascades ; ils survolèrent des lacs étincelants et longèrent de profondes vallées.

Puis, alors que le soleil se couchait, la princesse Leïla hésita. « Il vaut mieux ne pas aller plus loin, dit-elle. Le palais de mon père se trouve là-bas. Il m'a promise à un vieux magicien et je préférerais épouser quelqu'un d'autre. »

Le prince Kristan serra sa main dans la sienne.

« Il est temps de rentrer, dit-il. Votre père aura compris son erreur, j'en suis sûr. »

Au palais, le roi Sabur était avachi sur son trône. Depuis le départ de sa fille, il n'avait pensé à rien d'autre qu'à sa bêtise et à sa cupidité. Il avait distribué tous ses cadeaux d'anniversaire aux pauvres du royaume et juré de ne plus jamais se montrer aussi inconsidéré.

« Père ? »

Une voix le tira de sa tristesse. On aurait dit... « Leïla ! » Le roi Sabur se précipita pour serrer sa fille dans ses bras. Malgré son comportement, elle était revenue.

« Je suis si heureux de te retrouver saine et sauve », sanglota-t-il.

À partir de ce jour, la princesse Leïla et le prince Kristan vécurent ensemble dans le palais. Ils se marièrent peu après, et tout le monde dit qu'ils formaient le couple le plus heureux et le plus généreux de tout le royaume.

Quant au magicien ? La princesse Leïla le fit sortir des oubliettes, mais il ne fut plus jamais invité à une fête d'anniversaire.

Taches de lumière

Il était une fois un garçon, le dernier d'une famille de douze enfants. En tout et pour tout, il avait hérité de douze chevaux de ses parents. Onze d'entre eux étaient de beaux animaux d'âge adulte. Le douzième avait moins d'un an, mais c'était un poulain puissant pour son âge, aux yeux francs et à la robe miroitée.

« Tu es bien beau », dit le garçon, qui s'appelait Hal, en ébouriffant doucement la crinière du poulain. « Malheureusement, il faut que je te vende pour acheter à manger.

– Ne me vends pas, répondit le poulain. Laisse-moi brouter dans la prairie encore un an et je deviendrai encore plus fort, et encore plus lisse et luisant. »

Hal fut très surpris d'entendre le poulain parler. « Quel animal étonnant, se dit-il. Peut-être dois-je suivre ses conseils. Si j'ai tort, je pourrai toujours le vendre par la suite. » Il vendit donc un autre de ses chevaux et laissa le poulain dans la prairie.

L'année suivante, le poulain avait atteint la taille d'un cheval de trait et sa robe miroitée brillait vivement au soleil.

« Regardez-moi ça », s'émerveilla Hal avec un soupir admiratif. « Cette année, tu me rapporteras encore plus.

– Ne me vends pas, supplia de nouveau le poulain. Laisse-moi brouter encore une année et je deviendrai encore plus fort et encore plus lisse et brillant. »

Hal hésita. Il avait besoin d'argent, mais n'avait aucune envie de se séparer de ce bel animal... Et le poulain avait eu raison auparavant. « Très bien », accepta-t-il au bout d'un moment. Il vendit donc un autre cheval et le poulain resta dans la prairie à manger et à grandir, et à grandir et à manger...

L'été suivant, le poulain était devenu un cheval adulte et qui plus est, un animal magnifique ! Jamais Hal n'avait vu de cheval aussi grand, et sa robe miroitée brillait comme le soleil lui-même.

« Je te baptise Taches de lumière », déclara Hal en se protégeant les yeux de cette lumière éblouissante. « Le roi lui-même ne possède aucun cheval qui soit ton égal. Tu feras ma fortune ! »

Le cheval s'ébroua et secoua la tête.

« Ne me vends pas ! Je t'aiderai à devenir riche. Vends les autres chevaux, et avec l'argent, achète-moi des fers ainsi qu'une selle et une bride dorées. Tu ne le regretteras pas ! »

Hal hocha lentement la tête. Après tout, le cheval avait eu raison auparavant... et Hal était un garçon aventureux. Il fit donc ce que demandait Taches de lumière et acheta la selle, la bride et les fers les plus beaux qu'il pût trouver.

« Très bien », observa Taches de lumière, avec ses fers brillants et son harnais étincelant ; il était désormais tout seul dans la prairie.

« Maintenant, monte en selle », dit-il en s'agenouillant pour qu'Hal puisse le faire. « Et partons pour le château du roi. Sa fille a été ravie par un troll, mais ensemble, nous pourrons la sauver. Écoute attentivement mes instructions... »

Au château, le roi fut impressionné par Taches de lumière, mais beaucoup moins par Hal.

« Tu n'as rien d'extraordinaire ! s'exclama-t-il. Qu'as-tu fait pour avoir ce cheval remarquable ? Et pourquoi penses-tu pouvoir vaincre le troll, alors que mes meilleurs chevaliers ont échoué ?

– J'ai élevé ce cheval moi-même », déclara fièrement Hal en regardant le roi droit dans les yeux. « Et vous n'avez rien à perdre à me laisser essayer ! »

Le roi fronça les sourcils.

« Très bien, concéda-t-il lentement. À tes risques et périls ! Le troll est puissant et rusé.

– Je vous remercie », Sire, dit Hal en s'inclinant très bas. « Pour mener à bien ma tâche, il me faudra des provisions ainsi qu'un maréchal-ferrant pour mon cheval... »

Quand il repartit, les pieds de Taches de lumière lançaient des étincelles, car le maréchal-ferrant du roi lui avait fabriqué des fers hérissés de pointes en acier. Le grand cheval portait également deux sacoches géantes remplies de ce qu'avait demandé Hal : douze bœufs rôtis, douze sacs de grain, une énorme armure en métal pour Taches de lumière, ainsi qu'une deuxième bride dorée. Alors qu'aucun autre cheval n'aurait eu la force de tout transporter, Taches de lumière avançait à grandes enjambées avec aise, comme si les sacs étaient remplis d'air.

Au bout d'une journée et d'une nuit, ils arrivèrent à la montagne du troll. Une sombre falaise rocheuse s'élevait devant eux, aussi lisse et dure que du verre.

« Et maintenant ? » demanda Hal en levant les yeux, un peu inquiet.

« Espérons que mes fers seront suffisamment pointus », répondit Taches de lumière.

En accélérant, il se lança sur la pente. Les pointes métalliques, en griffant la roche dure, firent un bruit grinçant affreux.

Hal eut tout à coup un élan d'espoir. Hélas, l'un des sabots glissa dans un crissement et ils retombèrent au pied de la falaise.

De nouveau, Taches de lumière se précipita sur la montagne. Cette fois, il arriva à mi-hauteur avant de glisser dans une avalanche de rochers et de cailloux. Néanmoins, il se releva, les yeux fixés sur le sommet, et réessaya.

Il fit voler des rochers et des pierres dans le ciel en galopant furieusement toujours plus haut... et arriva au sommet.

Là, se trouvait la grotte du troll ; l'entrée était fermée par une lourde porte en pierre. Derrière, quelqu'un chantait doucement.

« C'est elle ! » s'écria Hal.

Il sauta de cheval et appela :

« Princesse, ouvrez la porte ! Nous sommes là pour vous ramener chez vous.

– Impossible, répondit la jeune fille. Le troll a la seule clé. »

Hal tenta d'ouvrir la porte d'un coup d'épaule, mais elle ne bougea pas. Alors, Taches de lumière se cabra et la frappa à plusieurs reprises de ses sabots aux fers hérissés de pointes, si bien qu'elle se fendit.

La lumière qui inonda soudain la grotte sombre laissa apparaître une princesse aux cheveux d'or. Elle sourit à Hal avec une douceur qui lui fit battre le cœur.

« Partons vite, ordonna Taches de lumière. Il ne faut pas que le troll nous trouve là. »

Alors, Hal tendit la main à la princesse, qui la prit, et se hissa sur le large dos de Taches de lumière, derrière lui. Puis ils redescendirent bien vite la montagne dans une avalanche de cailloux et de rochers...

Derrière eux un cri aussi fort qu'un coup de tonnerre résonna dans la montagne :

« REVIENS !

– Le troll », gémit la princesse.

Taches de lumière se mit à galoper à une telle vitesse que le paysage se brouilla.

Au sommet, le troll rugit de colère et le ciel s'assombrit.

« Il a lancé ses oiseaux sauvages à nos trousses, avertit Taches de lumière. Vite, éparpillez le grain ! »

La princesse déchira au plus vite les lourds sacs et le grain doré se répandit.

Une gigantesque volée d'oiseaux féroces fondit sur eux, becs et griffes à l'attaque.

Mais quand ils aperçurent le grain, ils se jetèrent dessus avec avidité et se mirent à le dévorer, sans

plus penser à leur proie.

Le troll poussa un rugissement de furie, auquel répondit cette fois-ci un tambourinement de pattes et de griffes…

« Il envoie ses bêtes sauvages, haleta Taches de lumière. Vite, donnez-leur les bœufs ! »

Hal les jeta juste à temps. Des loups, des chats sauvages et des ours descendaient des arbres, montrant les dents et sortant leurs griffes. Toutefois, quand ils virent les bœufs, ils s’arrêtèrent net et s’abattirent dessus en les déchirant goulûment par d’énormes bouchées.

Au loin, le troll rugit une dernière fois, encore plus fort et plus férocement qu’auparavant. Mais cette fois-ci, à la surprise d’Hal, Taches de lumière s’immobilisa.

« Faites exactement ce que je dis, ordonna-t-il à ses cavaliers. Descendez et mettez-moi l’armure.

Puis cachez-vous sous ce buisson et ne sortez que quand je vous le dirai. Cette fois-ci, je dois me battre seul. »

Ils revêtirent Taches de lumière de son armure brillante et cliquetante, puis se cachèrent. Ils avaient à peine terminé que le sol se mit à trembler sous l'impact d'un martèlement de sabots. L'instant d'après, un énorme cheval apparut.

Hal cligna des yeux. La robe miroitée de l'animal brillait comme le soleil. C'était le jumeau de Taches de lumière, mais alors que les yeux de ce dernier dégageaient de la sagesse et de la douceur, ceux du nouveau venu brûlaient d'une lueur mortelle terrifiante.

Sous leur buisson, Hal et la princesse retinrent leur souffle.

Les chevaux se tournèrent autour avec méfiance. Puis, l'étrange animal se lança férocement sur Taches de lumière, en montrant les dents.

Plusieurs fois, il essaya de mordre son adversaire, mais il ne réussit pas à percer le métal de l'armure.

Il finit par se fatiguer. C'était le moment qu'attendait Taches de lumière. Il se cabra et renversa son adversaire à terre, le maintenant au sol grâce à son corps puissant.

« Apportez-moi la bride dorée », cria-t-il.

Prudemment, Hal et la princesse s'approchèrent des animaux.

Dès que la bride eut touché le cheval vaincu, il cessa de se débattre. Quand Hal eut bouclé les courroies, Taches de lumière le laissa se relever. Il avait perdu toute trace de férocité et d'ardeur. Il se tenait maintenant si docilement qu'on aurait pu le conduire avec un fil de soie.

Lorsque la princesse lui flatta l'encolure, il poussa un hennissement de plaisir. Elle jeta un coup d'œil interrogateur à Taches de lumière.

« Vous n'avez rien à craindre, répondit celui-ci. C'était le troll qui l'avait rendu féroce, mais le sort est rompu. »

Sur le chemin du retour, la princesse monta le cheval apprivoisé, tandis qu'Hal restait sur Taches de lumière. Les collines défilèrent au rythme de leurs sabots et ils arrivèrent enfin au château, où le roi les accueillit avec joie, surtout la princesse.

« Je suis si heureux de te revoir saine et sauve », lui dit-il, en l'entourant de ses bras.

Puis le roi s'adressa à Hal.

« Je vois que je m'étais trompé à ton sujet, dit-il. Tu es le seul à avoir vaincu le troll et à m'avoir rendu ma fille. Choisis ta récompense. »

Hal rougit en déclarant :

« Sire, la seule chose que je désire, c'est une écurie chaude pour nos chevaux et, euh... »

Il hésita, sans savoir s'il oserait continuer.

« Parle », ordonna le roi avec bienveillance.

Hal prit son courage à deux mains.

« Et la main de votre fille... euh... si elle est d'accord, bien sûr.

– J'y consens », répondit immédiatement la princesse en rougissant de bonheur.

Ils se marièrent dans la semaine qui suivit et se rendirent à la fête sur les deux plus beaux chevaux qu'on eût jamais vus.

La jument blanche

Il était une fois un roi qui vivait avec ses trois ravissantes filles dans un magnifique château. Leur mère était morte quand elles étaient petites, ne leur laissant que de précieux souvenirs ainsi qu'une belle jument blanche appelée Fantôme. La cadette du roi, Fifine, aimait beaucoup Fantôme. Elle passait des heures à la brosser, si bien que la robe de l'animal brillait comme la lune dans le ciel nocturne.

Un après-midi, à la fin de l'été, Fifine conversait avec son père et ses sœurs dans les jardins du château. Les deux aînées se demandaient comment trouver un bon mari.

« Nous pourrions organiser un tournoi de tir à l'arc, proposa l'une en souriant.

– Ou un concours de cuisine ! ajouta l'autre.

– Qu'en penses-tu, Fifine ? » demanda le roi.

Mais Fifine n'écoutait pas. Elle regardait Fantôme qui broutait dans le champ voisin et se demandait si elle aurait le temps de la monter avant le dîner.

Soudain, le roi laissa échapper un cri qui fit sursauter Fifine. « Aïe, j'ai été piqué ! » cria-t-il en se grattant la nuque.

« Ne bouge pas, père, l'enjoignit Fifine. Je vois quelque chose bouger. »

Elle se leva et saisit une grosse puce derrière son oreille. Le roi fronça le nez en la voyant, et les trois filles se mirent à rire. Seule Fantôme, la jument blanche, ne parut pas trouver cela drôle. Elle émit un horrible hennissement.

« Oh ! Fantôme, ce n'est qu'une puce », dit Fifine en la lui montrant.

Alors, sous leurs yeux, la puce se mit à grossir... pour atteindre d'abord la taille d'un poing, avant de grossir encore. Le roi l'arracha à Fifine et la mit dans un grand tonneau.

« Comme c'est étrange », murmura-t-il en se retournant vers ses filles.

Peu après, on entendit le bois se fracasser : l'énorme puce se libéra de sa prison. Comme elle s'approchait d'eux de manière menaçante, le roi dégaina son épée et l'enfonça dans la bestiole, qui se dégonfla dans un sifflement. Il ne resta plus alors qu'une grande peau coriace.

Surpris, le roi décida d'accrocher celle-ci dans la salle du trône. « Seul un homme doué d'une grande sagesse sera capable de deviner son origine », se dit-il. C'est alors qu'il se rappela la conversation de ses filles. « Voilà ! s'écria-t-il. Je crois que nous tenons la solution. »

Le lendemain, il fit une annonce officielle à la cour : « L'homme suffisamment intelligent pour nommer l'animal duquel vient cette peau pourra épouser l'une de mes filles ! » déclara-t-il.

Hélas, les semaines passèrent, mais personne ne sut dire que cette grande peau venait d'une minuscule puce.

« Il semble qu'après tout, il nous faudra organiser un tournoi de tir à l'arc », soupira le roi.

Toutefois, avant qu'une date ait été fixée, un étranger arriva au château...

Fifine réglait les étriers de Fantôme dans la cour, lorsqu'elle sentit la jument se raidir. Suivant le regard de Fantôme, elle vit un étalon noir entrer au trot dans la cour du palais, monté par un prince

entièrement vêtu d'or. Le jeune homme sauta de son cheval et demanda au valet de pied une audience avec le roi.

« Qui cela peut-il bien être ? » se demanda Fifine.

Fantôme souffla son mécontentement.

« Je vais voir ce qu'il est venu faire ici », ajouta Fifine. Elle flatta Fantôme pour la rassurer, tendit les rênes de la jument au palefrenier et se glissa dans la salle du trône derrière le prince.

Dans l'ombre, Fifine vit ce dernier s'incliner devant le roi, puis lever les yeux avec étonnement sur le mur.

« Pardonnez-moi, Votre Majesté, dit-il poliment, Mais... cela serait-il une peau de puce ? »

Le roi remarqua les vêtements d'or du prince et sa courtoisie.

« En effet », acquiesça-t-il, un sourire se dessinant sur ses lèvres. « Et votre judicieuse observation vous donne le droit d'épouser l'une de mes filles !

– Eh bien merci ! s'exclama le prince. Alors avec votre permission, je reviendrai demain choisir ma future épouse. »

Fifine se l'était-elle imaginé, ou avait-il regardé dans sa direction en faisant demi-tour pour repartir ? Elle sortit en hâte pour aller annoncer la nouvelle à ses sœurs, qui en furent tout excitées.

« Était-il vraiment vêtu d'or ? » demanda la deuxième, émerveillée.

« Oh ! j'espère qu'il me choisira », soupira l'aînée.

Seule Fifine avait des doutes.

Ce soir-là, elle se faufila dans l'écurie pour parler à Fantôme. « Je n'ai sans doute rien à craindre », se rassura-t-elle en caressant d'un air distrait la crinière blanche et soyeuse de la jument. « Je suis la plus jeune. Le prince ne me choisira pas. »

À sa grande surprise, pour la première fois, la jument lui répondit.

« C'est toi qu'il va choisir, mon enfant », fit-elle de sa voix douce mais ferme, « mais ce n'est pas un prince. C'est un sorcier malfaisant qui veut faire de toi son esclave. Écoute mes conseils et suis-les à la lettre. »

La princesse écouta abasourdie les explications de la jument.

Pour échapper aux griffes du sorcier, Fifine devait choisir Fantôme comme cadeau de mariage et partir du château sur son dos. « Seulement ainsi réussirons-nous à le tenir en échec », chuchota la jument.

Le lendemain, pendant que les deux autres princesses choisissaient leurs plus beaux atours et se frisaient avec soin les cheveux, Fifine essaya de se rendre aussi laide que possible. Pauvrement vêtue et les cheveux en bataille, elle espérait que le prince l'ignorerait.

Hélas, ce fut un vain espoir.

« Votre Majesté, j'ai fait mon choix. »

Le prince s'adressait au roi, tout en gardant les yeux fermement fixés sur Fifine.

« Je choisis votre cadette. »

Le roi fut enchanté, contrairement aux deux aînées... et à la cadette, qui sentit les larmes lui monter aux yeux.

« Ma chère enfant, déclara fièrement le roi, je suis ravi. Je suis sûr que ce beau prince fera ton bonheur. Laisse-moi te choisir un cadeau parmi les trésors royaux.

– Je ne désire aucun trésor, père, déclara Fifine

la voix tremblante, seulement que Fantôme m'accompagne dans ce voyage. »

Le roi eut l'air étonné.

« Mais tu ne peux pas prendre la jument blanche, dit-il.

– Alors, je refuse d'épouser le prince. »

Un murmure de surprise résonna dans la salle du trône, et le prince prit un air mécontent. Désireux d'apaiser la situation, le roi accepta tout de suite.

« C'est un bien étrange cadeau de mariage, mais si c'est ce que tu veux vraiment...

– Nous partons cet après-midi », annonça le prince d'un ton brusque. « Nous avons beaucoup à faire avant le jour des noces. »

Remplie en vitesse, la malle en bois de Fifine fut chargée dans le carrosse du prince. Ce dernier tendit la main à la jeune fille pour l'aider à monter, mais elle refusa. « J'irai sur Fantôme », insista-t-elle.

Le prince reprit son air mécontent. Néanmoins, comme une foule de sympathisants se trouvait là, il ne put rien dire. Il lui serra donc le poignet et chuchota d'un ton dur :

« Alors, il faudra chevaucher à mes côtés. »

Terrifiée, la princesse obéit pendant qu'ils traversaient le parc du château. Cependant, dès qu'ils en furent sortis, Fifine enfonça ses talons dans les flancs de Fantôme, qui se cabra.

« Cramponne-toi ! » hennit la jument en partant au galop.

Fifine tint les rênes de Fantôme bien serrées tandis qu'elles s'éloignaient du prince. Elle sentit le vent dans ses cheveux et frissonna au martèlement des sabots de Fantôme.

« Tu ne m'échapperas pas ! » hurla le prince furieux, en éperonnant son étalon noir.

Fifine jeta un regard craintif par-dessus son épaule. « Il se rapproche ! » cria-t-elle.

Le soupirant avait perdu son air de prince charmant. Ses yeux brillaient d'un rouge ardent et sa bouche grimaçait. « Tu es à moi ! gronda-t-il.

– Fais quelque chose, Fantôme ! » hurla Fifine.

La jument s'immobilisa subitement, se retourna face au méchant sorcier et frappa trois fois le sol d'un sabot. « Terre, ouvre-toi ! » commanda-t-elle.

On entendit un rugissement assourdissant, tandis que le sol se déchirait devant elles, formant un profond précipice. Le sorcier et son étalon n'eurent pas le temps de réagir : ils s'enfoncèrent dans l'obscurité caverneuse en poussant un hurlement terrible qui s'affaiblit progressivement. L'instant d'après, le sol se referma sur eux.

« Te voilà sauve pour le moment, déclara doucement la jument blanche, mais mon pouvoir ne durera pas toujours. Pars loin des tiens, pour que le sorcier ne te retrouve pas au château à son retour. »

Abasourdie, Fifine posa sa tête sur la crinière blanche de Fantôme et ferma les yeux.

Elles poursuivaient leur chemin depuis des jours, quand Fantôme décida enfin qu'elles étaient assez loin.

« Tu vois ce château dans la forêt ? dit la jument. Il est habité par une gentille famille, qui s'occupera de toi.

– Ne m'abandonne pas ! s'écria Fifine.

– Dans ma crinière, tu trouveras une petite flûte magique, continua la jument. Garde-la toujours sur toi. Si tu as besoin de moi, joue un air et j'arriverai. »

Les jours, les mois et les années s'écoulèrent alors comme un beau rêve pour Fifine. Elle fut accueillie dans une famille merveilleuse et tomba éperdument amoureuse de l'aîné des fils. Comme celui-ci était également fou d'elle, ils se marièrent dans l'année.

L'heureux couple fut béni par l'arrivée de deux garçons turbulents, qui gambadaient sans inquiétude dans les bois du château. Avec le temps, Fifine se mit à penser que sa rencontre avec le méchant sorcier n'avait été qu'un mauvais rêve, quand son bonheur et sa liberté furent menacés une fois de plus.

Le mari de Fifine était à la chasse et la jeune femme cueillait des pommes dans le jardin lorsqu'elle entendit ses fils pousser des cris. Elle se précipita dans les bois et se trouva nez à nez avec le méchant sorcier. Il tenait les petits garçons pétrifiés par le cou.

« Tu m'as échappé la dernière fois, gronda-t-il, mais cette fois, j'aurai trois âmes au lieu d'une.

– Tu as fait une peur bleue à mes fils ! s'écria Fifine. Laisse-moi au moins les calmer en leur jouant un petit air.

– Oh ! que c'est mignon », se moqua le sorcier

en regardant d'un air méprisant Fifine sortir sa flûte et en jouer quelques notes en tremblant.

La jument blanche apparut sur-le-champ, plus belle que jamais, son éblouissante robe éclairant l'obscurité du sous-bois.

« Fantôme ! s'écria Fifine soulagée.

– Te revoilà ! » cria le sorcier en lâchant les garçons et en tendant la main vers sa baguette.

« C'est bien moi, dit la jument. Et cette fois, j'ai plus de pouvoir. Terre, ouvre-toi ! » cria-t-elle, en frappant durement le sol trois fois d'un sabot.

Un vaste précipice s'ouvrit sous le sorcier, qui plongea immédiatement dans l'abîme. En un rien de temps, la terre l'avala et se referma comme si de rien n'était.

Fifine serra très fort ses fils, pendant que Fantôme frottait son museau sur son épaule.

« Tu n'as plus rien à craindre, dit la jument. Quand ton époux reviendra, emmène-le avec tes

enfants faire la connaissance de ton père et tes sœurs. Tu leur manques.

– Mais… et toi ? demanda Fifine.

– J'ai accompli ma tâche, dit Fantôme, et je dois moi aussi rentrer. »

Sur ces mots, la jument blanche secoua sa crinière magique, plus brillante que la lumière, puis disparut.

Les sept poulains

Il était une fois un jeune homme appelé Pierre qui était parti loin de chez lui pour trouver du travail. Un jour, il arriva devant un vaste palais entouré de montagnes et fermé par un grand portail doré.

Sur les portes se trouvait une annonce :

Palefrenier demandé. S'adresser à l'intérieur.

Pierre n'avait jamais été palefrenier de sa vie, mais il était décidé à trouver du travail. Il tendit la main vers la sonnette, puis s'arrêta net.

Il avait aperçu une jeune fille aux brillants cheveux auburn qui se promenait dans le jardin vêtue d'une belle robe, la tête ceinte d'un diadème en argent.

« Ce doit être une princesse… » se dit Pierre.

La princesse n'était pas seule. Autour d'elle, trottaient de magnifiques poulains. Ils redressaient fièrement la tête en étirant leurs longs membres musclés au soleil.

« Un, deux, trois… compta et recompta Pierre. Six ? Non, sept ! Sept poulains, cela représente pas mal de travail. Le palefrenier ne chômera pas. »

La princesse souriait en leur donnant des morceaux de sucre. Ils semblaient même écouter quand elle se penchait pour leur chuchoter des choses à l'oreille.

Pierre sentit son cœur battre. Transporté par la beauté de la princesse, il ne vit pas un poulain s'approcher de lui.

L'animal ouvrit la porte de son épaule. Puis, tendant le cou, il saisit le col de Pierre entre ses dents.

« Holà ! » s'écria Pierre, qui chancela tandis que le poulain le tirait dans les jardins du palais et le menait devant la princesse.

« Bonjour, dit-elle. Qui êtes-vous ? »

Pierre rassembla ses pensées.

« Euh... je viens pour l'emploi de palefrenier, balbutia-t-il.

– Aimez-vous les chevaux ? » demanda-t-elle.

Pierre n'y connaissait rien, mais voulut faire plaisir à la princesse.

« J'aime bien les vôtres... » répondit-il.

La princesse l'examina attentivement, puis dit :

« Mes poulains me sont très précieux. Leur pansage est le travail le plus important du palais. »

Pierre examina avec inquiétude les sept poulains, qui le fixaient attentivement de leurs grands yeux. Il n'hésita pas longtemps.

« J'accepte, dit-il à la princesse.

– Vous serez le cinquième palefrenier de la semaine, poursuivit la princesse. Les autres étaient tous des incapables. J'espère que vous ferez mieux. »

Sur ces mots, la princesse se dirigea vers le palais, laissant Pierre seul avec les animaux.

« Cela ne doit pas être sorcier de surveiller quelques poulains », pensa Pierre. Cependant, avant même qu'il puisse faire demi-tour, l'un des poulains passa à toute allure devant lui, suivi d'un autre, puis de tout le troupeau ! Ils sortirent au galop des jardins du palais, en direction des montagnes enneigées.

« Revenez ! » hurla Pierre. Hélas, les poulains poursuivirent leur course à une telle vitesse que les contours de leurs membres élégants se

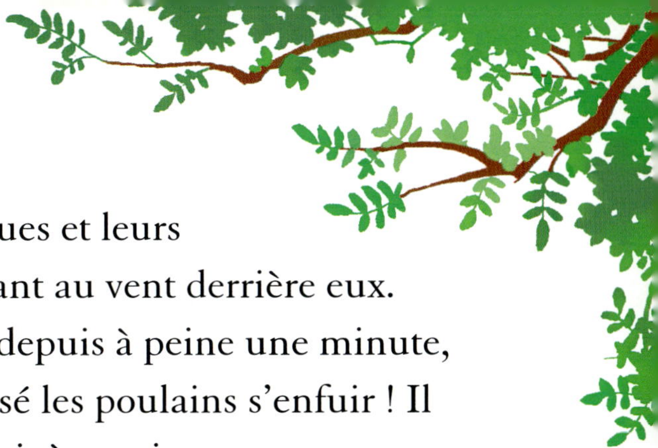

brouillèrent, leurs queues et leurs crinières sombres flottant au vent derrière eux.

Il était palefrenier depuis à peine une minute, et déjà Pierre avait laissé les poulains s'enfuir ! Il fallait les suivre. Il se mit à courir.

« Holà ! cria-t-il, doucement ! »

Malheureusement, les poulains étaient déjà loin, montant toujours plus vite dans les montagnes en martelant la terre de leurs sabots.

Pierre continua à courir, mais il n'était pas sûr de pouvoir tenir beaucoup plus longtemps. Il avait les jambes en feu, et la bouche aussi sèche que de la paille.

Les poulains passèrent devant un lac de montagne. Sur la rive, une vieille femme filait de la laine.

« Arrête-toi pour boire », cria-t-elle à Pierre lorsqu'il passa près d'elle.

Pierre hésita. L'eau paraissait rafraîchissante

et il mourait de soif, mais il fallait continuer. Un palefrenier qui perdait sept chevaux n'allait pas garder son emploi longtemps.

« Merci, mais je ne peux pas m'arrêter pour le moment », cria-t-il en poursuivant sa course.

« Comme tu voudras, dit la vieille femme. Les autres palefreniers se sont arrêtés pour boire. »

Les poulains grimpaient de plus en plus haut. Ils ne s'arrêtèrent qu'arrivés devant un autre lac caché au fond d'un creux, en altitude. Ils se penchèrent pour boire l'eau fraîche.

Surpris, Pierre aperçut une vieille femme, assise sur la rive en train de filer de la laine, comme avant.

« Viens t'asseoir au bord du lac, dit-elle. Tu mérites de te reposer. »

Pierre était épuisé, mais si les poulains repartaient ?

« Merci, mais c'est impossible, haleta-t-il. Je m'occupe des poulains de la princesse et je ne veux les perdre de vue à aucun moment. »

La vieille femme sourit.

« Tu es résolu et digne de confiance, au contraire des autres, dit-elle. Je suis sûre que tu saurais rompre le sort, si tu essayais...

– Le sort ? demanda Pierre intrigué.

– La princesse a sept frères, poursuivit la vieille femme. Un troll vit sur la montagne, un peu plus haut. Jaloux du bonheur de cette famille, il a jeté un sort aux frères dans un accès de rage.

– Que leur est-il arrivé ? » l'interrogea Pierre, triste pour la princesse.

La vieille femme se contenta d'indiquer les sept poulains. « Tu ne devines pas ? » demanda-t-elle.

Pierre examina les poulains plus attentivement. Il vit que l'un d'eux était plus grand que les autres et avait les épaules plus larges. Un autre avait un toupet embroussaillé qui lui tombait dans les yeux. Leur robe était exactement du même acajou que les cheveux de la princesse.

« Ces poulains sont donc les frères de la princesse ! s'écria Pierre. Comme c'est injuste ! Pourraient-ils reprendre leur forme humaine ?

– Les poulains cherchent un jeune homme suffisamment courageux pour rompre le sort, expliqua la vieille femme. Ils t'emmèneront jusqu'à la grotte du troll. Là, tu trouveras sept licols enchantés. Si les poulains les portent le jour de tes noces, le sort du troll sera rompu. Attention, il ne faut rien dire de ce que tu prépares à la princesse.

– Je suis courageux, répondit Pierre. Mais une seconde... Avez-vous dit le jour de mes noces ? »

Avant que la vieille femme ait le temps de

répondre, les poulains repartirent au petit trot, et Pierre se lança après eux, tout en criant ses remerciements à la vieille femme. Ils continuèrent à monter, pour enfin s'arrêter devant une grotte.

Hors d'haleine, Pierre haleta : « Et maintenant ? »

Le plus grand des poulains indiqua l'entrée de sa tête élégante. C'est alors que Pierre remarqua l'odeur : comme de l'eau de vaisselle sale mélangée à du poisson pourri, mais encore plus répugnante.

Les poulains poussèrent Pierre vers l'entrée. Il s'en approcha prudemment.

De l'intérieur, sortait comme un grondement d'avalanche. Le troll dormait, ronflant comme un sonneur. Se bouchant le nez, Pierre entra, suivi des poulains. Il essaya de maîtriser ses jambes flageolantes. Si le troll se réveillait, il les dévorerait tous pour le dîner.

L'intérieur de la grotte était crasseux. Pierre sonda l'obscurité. Il frissonna de dégoût au spectacle du troll, dont la peau verdâtre verruqueuse se soulevait au rythme de sa respiration. Il était énorme : au moins trois fois plus grand que Pierre, il était lourdement charpenté et possédait des poings de la taille de rochers.

Cependant, ce n'était pas le moment d'avoir peur. Pierre avait une mission. Quand ses yeux se furent habitués à l'obscurité, il aperçut sept licols, comme l'avait prédit la vieille femme.

Sans bruit, Pierre traversa la grotte. Le troll grogna dans son sommeil, mais ne se réveilla pas.

« Ils sont couverts de clochettes, chuchota Pierre horrifié aux poulains. C'est un piège. Si les clochettes font du bruit, le troll se réveillera. »

Très prudemment, Pierre s'avança pour

ramasser un licol. Étonnamment lourd, il lui tomba presque des mains. Les clochettes tintèrent fortement.

Le troll ouvrit un œil. Quand il aperçut les intrus, il gronda de rage et se leva, dominant Pierre et les poulains de sa haute taille.

« Qui ose me réveiller ? » gronda-t-il.

L'estomac de Pierre se noua, mais, pensant à la princesse qui méritait tant de retrouver ses frères, il se donna un air courageux.

« Je m'appelle Pierre. Je suis ici pour rompre le sort, déclara-t-il d'un ton obstiné.

– Tu n'y arriveras jamais », gronda le troll. Il se pencha, saisit Pierre par sa botte gauche et le souleva dans les airs.

Pierre tenta de garder son calme, chose difficile pour quelqu'un qui pendouillait la tête en bas, tenu par un troll furieux.

Néanmoins, il n'avait pas à s'inquiéter : les poulains étaient avec lui.

Ils se mirent à cabrioler et à tourbillonner autour du troll, tant et si bien qu'il devint fou de rage. En titubant, il essaya de les chasser et lâcha la botte de Pierre.

Ce dernier vola dans les airs et alla s'écraser contre un mur. Sonné, il se releva quand même et se jeta sur les licols. Il les hissa sur son dos et, esquivant les coups, se précipita vers l'entrée de la caverne.

« En avant, les gars ! » hurla Pierre. Les poulains se lancèrent derrière lui, le troll à leurs trousses.

Pierre et les poulains se mirent à fuir au bas de la montagne. Ils avaient beau aller comme le vent, le troll se rapprochait de seconde en seconde.

« Nous réussirons bien à le semer ! » cria Pierre, en se mettant à zigzaguer, imité par les poulains. Le troll essaya bien de les attraper en se jetant à droite, à gauche, de-ci de-là, mais sans succès.

Bientôt, ils arrivèrent au lac où la vieille femme filait de la laine. Les gambades des poulains

avaient donné le vertige au troll. Il essaya encore d'en attraper un, mais celui-ci s'échappa juste à temps. Pierre se retourna et, stupéfait, vit le troll basculer à grand fracas, puis dégringoler la pente pour... PLOUF... tomber dans le lac. Il coula au fond de l'eau et disparut à jamais.

Pierre et les poulains sautèrent de joie et la vieille femme battit des mains.

« Maintenant, tu vas pouvoir rompre le sort, dit-elle à Pierre et aux poulains. Mais attention : ne dis rien à la princesse avant le jour des noces. »

Pierre et les poulains poursuivirent leur course et arrivèrent dans le jardin du palais, où ils s'effondrèrent les uns sur les autres, épuisés.

« Vous revoilà ! s'écria la princesse, en accourant. J'étais morte d'inquiétude. Je croyais que les poulains étaient perdus.

– Ne vous inquiétez pas, princesse, la rassura Pierre. Je ne les ai lâchés du regard à aucun moment.

– Et à quoi sont donc destinés ces licols ? » demanda-t-elle en les apercevant.

« Je regrette, mais je ne peux rien vous dire pour le moment, répondit Pierre. Il faut me faire confiance. »

La princesse le regarda d'un air interrogateur. Puis elle comprit qu'elle lui faisait vraiment confiance. Ce garçon n'était pas comme les autres palefreniers. Il avait suivi ses ordres et n'avait jamais perdu de vue les poulains, même quand ils s'étaient enfuis.

Pendant ce temps, Pierre essayait de trouver le courage de poser lui-même une question. Lui qui avait affronté un troll furieux, cette tâche lui faisait tout aussi peur. Il mit alors un genou à terre...

« Acceptez-vous de m'épouser ? » demanda-t-il.

La princesse jeta un coup d'œil aux poulains qui hochaient la tête d'un air

encourageant. Eh bien, si les poulains aimaient ce jeune homme bon et digne de confiance, elle aussi l'aimerait.

« J'y consens », dit-elle en lui prenant la main.

« Marions-nous demain ! » dit Pierre. Il voulait rompre le sort le plus vite possible.

« Mais pourquoi si vite ? demanda la princesse en souriant.

– Pas de temps à perdre », répondit Pierre.

Le lendemain matin, la princesse, aidée de ses suivantes, mettait les dernières touches à sa toilette de mariée dans la chambre royale, quand elle entendit cogner à la porte.

Elle l'ouvrit sur Pierre qui se tenait là, les sept licols dans les bras. Derrière lui, dans le couloir, se serraient les sept poulains. Ils passèrent la tête par la porte et frappèrent le sol de leurs sabots avec impatience.

« Que faites-vous là ? » demanda la princesse avec un sourire étonné, tendant la main pour caresser l'un des poulains sur le nez. « La cérémonie n'a lieu que dans une heure. »

Pierre ne répondit rien. Il se contenta de sourire et d'entrer. Les sept poulains s'agglutinèrent autour de lui.

« Que se passe-t-il ? » s'exclama la princesse. Les poulains abîmaient le tapis.

« Attendez un instant », intervint Pierre en enfilant un licol à chacun des poulains. Les clochettes tintèrent joliment comme les cloches d'une église le jour d'un mariage.

Quand le dernier poulain eut son licol, une chose étrange se produisit : sous les yeux étonnés de la princesse, la robe douce de chaque poulain se transforma en un gilet de cuir souple. Leurs quatre membres se redressèrent pour former les bras et les jambes de jeunes hommes, tandis que leurs nez et leurs dents reprenaient des proportions humaines.

Les sept poulains s'étaient transformés en sept beaux jeunes hommes.

« Mes frères ! » s'écria la princesse en les serrant dans ses bras tour à tour.

Elle osait à peine en croire ses yeux. Après des années de tristesse, elle les retrouvait enfin et, qui plus est, le jour de ses noces.

L'aîné prit la main de Pierre.

« Tu as rompu la malédiction du troll, dit-il. Tu es un homme courageux et tu seras un bon mari pour notre sœur.

– Je n'aurais rien pu faire sans votre aide, répondit Pierre.

– Et maintenant, n'est-ce pas l'heure de la cérémonie ? » demanda un autre frère de la princesse, dont la frange retombait dans les yeux.

Pierre et la princesse se marièrent ce jour-là. Il y eut sept témoins à la cérémonie et, par la suite, ils eurent huit enfants, sept fils et une fille.

La princesse et la licorne

Il était une fois un roi d'une grande fierté, qui appréciait par-dessus tout la beauté. Dans son palais, chaque objet était d'un goût exquis. Les salles du palais débordaient de trésors précieux, de statues dorées et de tableaux sans prix.

Dans les jardins se trouvaient des cages dorées contenant des oiseaux exotiques, ainsi que des bassins étincelants, pleins de poissons dont les écailles brillaient telles des pierres précieuses. Tous les visiteurs s'arrêtaient devant, stupéfaits.

Chaque année, le roi désirait quelque chose de nouveau, d'encore plus exotique et fascinant. Il envoyait ses ministres accomplir des missions impossibles, au plus profond de la terre pour chercher les émeraudes les plus rares, et au sommet de montagnes pour dénicher les fleurs les plus délicates.

Le roi avait un enfant, une fille, qu'il aimait, mais à laquelle il ne faisait guère attention. Sa femme, morte peu après la naissance, avait été aussi belle que les trésors du palais : elle possédait des cheveux dorés comme la lumière du soleil, des yeux aussi bleus que des saphirs et des lèvres rouges comme des cerises. Sa fille, cependant, n'avait pas hérité de la beauté de sa mère. Ses cheveux n'étaient ni châtains ni blonds, ses yeux ressemblaient plutôt à un ciel nuageux, mais son sourire éclairait son visage tel un rayon de soleil.

La petite princesse adorait son père. Elle allait lui chercher les poires les plus juteuses dans les jardins du palais, s'occupait de lui quand il était malade, et son rire remplissait le palais. Tous les jours, elle souhaitait que son père s'intéresse à elle, en vain.

Puis une nouvelle arriva...

Les ministres du roi firent irruption dans la salle du trône, se bousculant pour être entendus.

« Une licorne, Sire ! s'exclama l'un d'eux.

– Dans la Forêt enchantée, dit un autre.

– D'un blanc pur, avec une corne dorée », s'écria un troisième.

En entendant le mot « licorne », le roi voulut la posséder comme il n'avait jamais rien désiré d'autre auparavant. Il se jeta sur ses livres

d'histoire naturelle et contempla les images de l'étrange créature magique.

« Les autres rois ont des trésors et des bijoux, des palais et des châteaux, les plus beaux chevaux et les épouses les plus ravissantes... mais personne n'a de licorne. Je ferai l'envie de tous. Allez me la chercher ! » ordonna-t-il.

Un par un, les ministres partirent en quête de la licorne. Un par un, ils revinrent bredouilles.

« C'est impossible, renoncèrent-ils. Elle sursaute au moindre bruit et disparaît dans l'ombre. Nous n'arrivons à rien. »

Désormais obsédé, le roi veilla tard dans la nuit et, à la lueur de la chandelle, dévora des livres sur les animaux mythiques, s'informant sur le pouvoir et la beauté de la licorne. « Il me la faut ! » s'écria-t-il.

Il envoya des messagers aux quatre coins de son royaume. « L'homme qui attrapera la licorne recevra la récompense de son choix ! »

La chasse continua. Riches, pauvres, chevaliers, fermiers, gentilshommes et serviteurs : tous partirent à la recherche de la licorne dans la forêt. Malheureusement, comme les ministres avant eux, ils échouèrent.

Le roi devint furieux.

Au milieu de cette agitation, la princesse errait dans le palais, encore plus délaissée qu'avant. Un jour, ne pouvant plus le supporter, elle s'assit près du feu et se mit à pleurer.

« Ne pleure pas, petite princesse », fit une voix. La jeune fille leva les yeux et vit devant elle une étrange vieille femme. Elle avait le visage ratatiné, les membres noueux et de longs cheveux blancs qui descendaient jusqu'au sol.

« Qui êtes-vous ? demanda la princesse.

– Je vis dans la Forêt enchantée, répondit la vieille femme. Considère-moi comme ta bonne fée, ajouta-t-elle, les yeux pétillants. Maintenant, dis-moi pourquoi tu pleures. »

Alors, la jeune fille expliqua que son père ne pensait qu'à attraper une licorne et semblait avoir de moins en moins conscience de son existence.

La vieille femme hocha la tête d'un air désapprobateur. Enfin, elle dit :

« Ton père a besoin d'une leçon. Fais-moi confiance. Et même si la situation paraît désespérée, ne baisse pas les bras.

– Merci », répondit la princesse, avant d'essuyer ses larmes et de suivre la vieille femme dans la salle du trône, où siégeait le roi.

« Je peux vous amener la licorne, Votre Majesté, déclara la vieille femme. Je réussirai là où les autres ont échoué, mais il faudra me donner quelque chose en échange.

– Ce que vous voulez, dit le roi. Choisissez votre récompense.

– Je veux votre fille, répondit la vieille femme. Je reviendrai la chercher dans un an jour pour jour.

– Oh ! » s'écria la princesse, choquée et surprise.

Mais le roi la fit taire d'un geste. Il n'avait que la licorne en tête.

« Entendu, accepta-t-il.

– Alors venez avec moi, Votre Majesté », ordonna la vieille femme.

Elle conduisit le roi à l'orée de la forêt et lui tendit un cordon argenté qui formait un licol.

« Suivez ce sentier jusqu'au cœur de la forêt, expliqua-t-elle, jusqu'à la Mare argentée. Là, sous les rayons de lune, vous verrez la licorne. Jetez-lui ce licol sur la tête et elle sera à vous. »

Le roi obéit. Aussi doucement qu'il put, il suivit le sentier forestier et arriva à la Mare argentée. Là, s'abreuvant dans son eau, se trouvait la licorne, luisante sous les rayons de la lune. Sa corne brillait comme de l'or et sa robe était aussi pure que la neige. Le roi leva le bras et jeta le licol sur son cou. Il avait ce qu'il désirait.

Le roi conduisit la licorne au palais et enferma l'animal dans une cage dorée. « Parfait, je ferai l'envie de tous les souverains du monde », murmura-t-il.

La princesse adorait aussi la licorne. Tous les jours, elle venait la nourrir et caresser sa robe de velours à travers les barreaux de la cage. L'animal

semblait porter en lui les secrets de la forêt, des mares tranquilles et des rayons de la lune. En le regardant, la princesse se mit à rêver du monde au-delà des murs du palais.

« Nous sommes semblables, toi et moi, disait-elle. Prisonnières toutes les deux dans ce palais. »

La licorne penchait alors la tête et plaçait son doux museau dans la paume de sa main, comme si elle comprenait.

Les mois s'écoulèrent et pendant tout ce temps, la princesse avait le cœur brisé, car son père avait accepté qu'elle quitte le palais. Elle savait bien que la vieille femme lui avait dit de ne pas se décourager, mais l'espoir que son père change d'avis diminuait vite.

Puis, par une nuit de pleine lune, alors que la princesse se trouvait avec la licorne, elle dit :

« Pourquoi attendre que l'on me renvoie ? Si seulement nous pouvions nous échapper ensemble. »

Croisant le regard sombre plein de sagesse de la licorne, elle se sentit plus audacieuse. « Je m'en sens capable, se dit-elle tout bas. J'en ai le courage. »

Elle courut chercher la clé de la cage dorée dans le coffre où la rangeait son père. Puis elle revint et, respirant profondément, elle ouvrit la porte.

La licorne poussa un doux hennissement et baissa la tête comme pour l'inviter. Après une courte hésitation, la princesse sauta sur son dos. Cette fois-ci, l'animal secoua la tête et poussa un hennissement long et puissant. Puis il sortit du palais au petit galop, ses sabots résonnant sur le sol, une lueur dans ses yeux brillant telles des étoiles.

Elles traversèrent au galop les pelouses vertes et franchirent les portes du palais.

Le roi les aperçut de la fenêtre.

« Revenez ! » cria-t-il. Il lança son armée à leurs trousses, mais la licorne filait comme le vent.

Aux premières lueurs de l'aube, ses hommes

réapparurent bredouilles. La licorne et la princesse avaient disparu.

Et maintenant, mais trop tard, le roi comprit combien sa fille lui manquait, ses sourires, son rire, sa présence dans le palais, sa chaleur affectueuse, contrairement à ses trésors étincelants, mais froids.

Le roi envoya ses ministres chercher la princesse dans tout le royaume. Il se moquait désormais de ses bijoux scintillants et de ses oiseaux au plumage éblouissant. Tout ce qu'il voulait, c'était le retour de sa fille.

À la fin de l'année, comme elle l'avait promis, la vieille femme réapparut.

« Je suis venue chercher ma récompense, annonça-t-elle. Où est votre fille ? »

Le roi secoua la tête.

« Elle est partie. » Telle fut sa seule réponse.

« Alors, donnez-moi autre chose, répondit la vieille femme.

– Prenez mes trésors ! s'écria tristement le roi. Prenez-les tous. Cela m'est égal. Rien ne vaut l'amour de ma fille. C'était, je le vois maintenant, le plus grand des trésors.

– Le pensez-vous vraiment ? » demanda doucement la vieille femme.

Le roi hocha la tête, et la vieille femme plongea son regard dans le sien. « Je vous crois », dit-elle.

Elle claqua des doigts et sur l'herbe verdoyante, la licorne accourut. La princesse était sur son dos, affichant son beau sourire.

Le roi lui ouvrit les bras et sa fille s'y jeta.

« Enfin ! dit le roi. J'avais peur de ne jamais te revoir. Pardonne-moi de t'avoir délaissée. Je suis désolé de ne pas t'avoir aimée comme je le devais. »

En guise de réponse, la princesse sourit et serra son père encore plus fort.

« Mais je ne comprends pas, dit le roi. Où étais-tu ?

– Elle était avec moi dans la Forêt enchantée, expliqua la vieille femme. Nous avons trouvé bon de vous priver de votre fille un certain temps. Alors, Votre Majesté... que préférez-vous garder : votre fille ou la licorne ?

– Ma fille », répondit le roi sans hésiter.

« Dans ce cas, ma tâche est accomplie, sourit la vieille femme. Ou presque... » ajouta-t-elle en se tournant vers la princesse. « Je suis ta bonne fée, mais je ne t'ai pas encore accordé de souhait.

– Un souhait ? s'écria la princesse. Mais j'ai tout ce que je veux... »

Puis ses yeux se posèrent sur la licorne, qui se tenait droite et fière sur la pelouse du palais. « Enfin, presque tout », se dit-elle. Et elle se

pencha vers la vieille femme pour lui chuchoter quelque chose à l'oreille.

« C'est un souhait judicieux, répondit la bonne fée. Tu as bien choisi, ma chère.

– As-tu réclamé d'autres trésors ? demanda le roi. Des rubis, des saphirs, des émeraudes ? De grands coffres remplis d'or ? Car, je te le promets, aucun ne t'apportera le bonheur.

– Tu verras bien », lui répondit en souriant la princesse.

À partir de ce jour, le roi et sa fille vécurent heureux ensemble au palais. Une fois par mois, à la pleine lune, la licorne revenait emmener la princesse faire des promenades magiques sur son dos... ainsi qu'elle l'avait souhaité.

Le cheval porte-bonheur

En Chine, dans une lointaine vallée, un fermier appelé Jun vivait dans une petite ferme avec son fils Jin. Il n'était pas riche, mais possédait un cheval appelé Jet. C'était une belle jument noire à la robe lisse et brillante, et à la crinière longue et soyeuse. De plus, elle était puissante et fidèle. Sa force facilitait beaucoup les travaux des champs.

Tous leurs amis pensaient qu'ils avaient de la chance de posséder ce magnifique cheval.

Par un beau matin ensoleillé, Jun se réveilla de bonne heure comme d'habitude et s'en alla nourrir Jet. À sa grande surprise, sa stalle était vide. Il alla voir dans la cour, puis dans les champs, sans succès. Avec Jin, il partit chercher au village, le long de la rivière et dans les bois.

Aucun signe de Jet nulle part.

« Elle doit s'être sauvée dans les montagnes, dit Jun, mais elles sont si escarpées et si sauvages que nous n'avons aucune chance de la retrouver. »

Quand les habitants du village voisin apprirent que Jun et Jin avaient perdu leur cheval, ils vinrent les réconforter. Ils aimaient bien Jun et savaient combien il appréciait Jet. Ils se demandèrent comment les deux hommes se débrouilleraient sans elle. « Quelle malchance de perdre un si précieux cheval », lui dirent-ils.

Vous imaginez leur surprise quand Jun ne parut en rien troublé.

« Cela peut être une chance comme une malchance. Qui sait ? » dit-il simplement.

« Comment perdre son seul cheval peut-il être une chance ? » s'écrièrent ses amis stupéfaits.

Malgré leurs efforts pour s'occuper de la ferme sans Jet, Jun et Jin eurent du mal.

Quelques mois plus tard, alors que Jun bêchait dans les champs, il aperçut au loin, en haut des montagnes, une tache noire et brillante. Curieux, il la fixa des yeux...

Son cœur battit plus vite lorsque la silhouette familière de son cheval bien-aimé qui galopait dans sa direction se dessina plus clairement. Juste derrière elle, il put distinguer d'autres chevaux, tout un troupeau. Ces animaux paraissaient très différents : plus petits, ils avaient une robe brun clair épaisse, une crinière courte et plus sombre, et des membres solides et puissants. Jun se dit que c'étaient des chevaux sauvages des montagnes. Ils suivirent Jet jusqu'à la ferme.

Jun et Jin furent enchantés de revoir la jument. Ils accueillirent aussi ses compagnons dans la ferme, leur donnant de l'avoine à manger et leur préparant une litière de paille fraîche dans l'écurie. Les chevaux sauvages descendaient rarement dans la vallée, si bien que les amis de Jun et Jin, poussés par la curiosité, affluèrent pour les voir et pour féliciter les deux hommes de leur bonne fortune.

« Si vous réussissez à apprivoiser ces chevaux, vous pourrez cultiver une encore plus grande étendue et vous enrichir. Nous sommes enchantés pour vous, dirent-ils. Vous méritez vraiment cette chance. »

Ils furent surpris lorsque Jun montra moins d'enthousiasme.

« Cela peut être une chance comme une malchance. Qui sait ? » déclara-t-il calmement.

Jun et Jin entreprirent d'apprivoiser les chevaux sauvages, gagnant lentement leur confiance. Enfin, l'un d'eux parut prêt à être monté. Tout doucement, Jin lui mit un licol et le conduisit aux champs.

Malgré son jeune âge, Jin était un cavalier chevronné. En général, il obtenait ce qu'il voulait de ses chevaux. Néanmoins, dès qu'il fut en selle, l'animal se mit à ruer et à se cabrer pour essayer de le faire tomber.

Jin se cramponna, mais le cheval était trop puissant. Il s'écrasa à terre avec un bruit sourd et resta là en proie à de terribles douleurs, pendant que le cheval filait au galop. Jun se précipita aussi vite qu'il put vers son pauvre fils qui gisait là, les jambes cassées.

Jin ne put quitter son lit pendant des mois. Le docteur lui annonça qu'il faudrait longtemps pour qu'il puisse marcher de nouveau, et encore plus longtemps pour qu'il puisse monter à cheval. « Et il boitera toujours », prévint-il.

Ne pouvant s'occuper de tout un troupeau de chevaux sauvages tout seul, Jun ouvrit le portail et les laissa repartir dans les montagnes.

Jin eut le cœur brisé. Son seul réconfort était Jet, qu'il suivait des yeux de la fenêtre de sa chambre en rêvant de pouvoir galoper à travers champs.

Les habitants du village lui témoignèrent beaucoup de sympathie et firent de leur mieux pour l'égayer. Tous les jours, ils lui apportaient des bons petits plats et des remèdes de grand-mère. Ils essayaient aussi de consoler Jun de sa malchance.

« Finalement, les chevaux sauvages que Jet a ramenés de la montagne ne vous ont pas porté chance », disaient-ils en secouant la tête.

« Cela peut être une chance comme une malchance. Qui sait ? » répondit simplement Jun.

Les villageois avaient pris l'habitude de sa réponse… et ils avaient constaté que la chance pouvait conduire à la malchance, et inversement. Pourtant, cette fois-ci, alors que Jin était alité, les jambes cassées, il était difficile de considérer cette chute comme une chance.

Pendant que Jin se remettait, un chef militaire arriva au village pour annoncer qu'une guerre avait éclaté avec la province voisine. Tous les jeunes hommes valides étaient appelés. Les troupes se rassemblèrent et partirent au pas. Tout le monde, sauf Jin.

Coincé au lit, il se sentit inutile pendant que ses amis faisaient la preuve de leur courage sur le champ de bataille. Puis, des nouvelles arrivèrent : les combats étaient féroces, faisant de nombreux blessés. Pour finir, les habitants du village apprirent qu'aucun des leurs n'avait survécu.

Quand les villageois se réunirent pour pleurer leurs morts, certains s'approchèrent de Jun pour lui dire : « Si Jin était parti au combat, il aurait aussi presque certainement été tué. Tu as de la chance que ton fils soit encore vivant. »

Jun fut véritablement triste que ses amis aient perdu leurs fils. Il était bien sûr soulagé que Jin soit encore en vie et que Jet soit à la ferme pour les aider.

Quand le pauvre Jin s'était cassé les jambes, les amis de Jun n'y avaient pas vu un seul instant de la chance. Or maintenant, ils savaient qu'il avait raison de dire : « Cela peut être une chance comme une malchance. Qui sait ? »

Les premiers chevaux

Poséidon, le dieu de la mer, était amoureux – non pas d'une déesse de la mer, mais de Déméter, la déesse des moissons, dont les cheveux couleur de blé mûr étaient ceints d'une couronne dorée.

Déméter avait perdu sa fille Perséphone et elle la cherchait aux quatre coins du globe, sans succès.

« Ne t'en fais pas pour ta fille, dit Poséidon. Viens avec moi régner sur les mers. »

Déméter se contenta de secouer la tête.

« Tout ce que je veux, c'est ma fille, répondit-elle.

– Lance-moi un défi pour vérifier mon amour, insista Poséidon. Pour me mettre à l'épreuve. »

Déméter se contenta de lui jeter un regard méprisant. Néanmoins, pour se débarrasser de lui, elle ordonna :

« Crée pour moi un bel animal, le plus beau que le monde ait jamais vu. C'est seulement alors que je te rendrai ton amour. »

À ces mots, Poséidon retourna dans son royaume marin et se mit au travail. Il remua les eaux des profondeurs avec son trident et insuffla la vie dans les vagues froides et sombres.

Un poisson se forma dans les eaux, fluide, élégant et rapide. D'un bleu d'orage, il fouettait les vagues de sa queue et les fendait de sa nageoire.

Il fila dans les vagues puis sauta dans l'air comme une flèche sortie des profondeurs. Poséidon le regarda d'un air fier. « Avec cet animal, je suis sûr de conquérir Déméter. Il est aussi audacieux et fort que la mer elle-même. Il est magnifique. »

Puis il sortit des profondeurs et demanda à Déméter de venir sur la falaise pour admirer ce geste d'amour.

« Vois ce que j'ai créé pour toi seule », dit-il.

Déméter regarda l'animal danser dans les vagues.

« Un animal marin ! s'écria-t-elle. C'est de la pure vanité... un jouet du monde des océans, inutile sur la terre. Il est trop froid pour correspondre à mon idée de la beauté. Ce n'est pas avec lui que tu me séduiras. »

Furieux, Poséidon frappa l'eau de son trident, provoquant des vagues gigantesques.

« Il ne te convient

pas ? » rugit-il, avant de s'apercevoir qu'elle lui avait déjà tourné le dos.

« Je saurai l'impressionner, jura-t-il. Je vais créer un autre animal. Il sera audacieux et fort comme la mer, mais cette fois-ci, il respirera dans l'air. Je vais lui donner une crinière aussi douce que les cheveux de Déméter. Je le ferai blanc comme la crête des vagues. Il sera le symbole de notre amour. »

Avec son trident, Poséidon remua la surface de la mer, qui se mit à bouillonner et à écumer, puis il souffla dans l'écume pour faire apparaître un animal. Ce dernier avait une queue de poisson, des écailles luisantes et des membres terminés par des sabots qui brillaient comme le bronze au soleil. Poséidon en créa quatre et les envoya jouer dans les vagues.

« Déméter ! » cria-t-il en direction des falaises. « Cette fois, j'ai réussi. Regarde ces hippocampes ! Je les ai faits avec l'écume de la mer, mais ils respirent l'air qui s'étend au-dessus des vagues. N'ai-je pas maintenant prouvé mon amour ? »

De nouveau, Déméter prit un air méprisant.

« Des hippocampes ? se moqua-t-elle. Tu les trouves beaux ? Regarde un peu leurs queues de poisson. À quoi me serviraient-ils sur la terre ? Tu n'as toujours pas mérité mon amour. »

Alors la colère de Poséidon monta comme une tempête de pleine mer. Comment Déméter osait-elle le rejeter deux fois ? Il essayerait encore, et cette fois, il créerait un animal si beau qu'elle ne pourrait dire non. Il se mit au travail, associant les nuages, la mer et le ciel à l'aide de son trident. Quand il eut fini, il sut que c'était un cadeau digne de l'amour le plus grand.

« Déméter ! » appela-t-il. Quand elle arriva,

il lui demanda de descendre sur une plage sableuse. Il sourit largement, sentant la victoire.

« Tu voulais le plus bel animal du monde ? Le voici. »

Poséidon leva son trident, puis, avec toute sa puissance, il fit se retirer la mer, qui s'éleva de plus en plus haut, jusqu'à former un immense mur d'eau. Alignés le long de sa crête, sortant de l'écume, se trouvaient des chevaux blancs, qui piaffaient, s'ébrouaient et secouaient leurs crinières soyeuses. Puis, sur l'ordre de Poséidon, ils se mirent à descendre des vagues.

Déméter les regarda avec admiration galoper dans l'eau et sortir, luisants, sur le sable. Elle admira leurs crinières soyeuses, leurs queues ondoyantes et la puissance de leurs membres. Elle tendit la main pour les toucher quand ils passèrent devant elle : leur peau était chaude et douce.

« Ce sont les plus belles créatures du monde »,

concéda Déméter en posant les yeux sur Poséidon. Et cette fois, il vit l'amour dans ses yeux.

Poséidon lui tendit la main. Puis il hésita et la retira. Sa fierté blessée s'était transformée en colère. « Puis-je vraiment t'aimer, se demanda-t-il tout haut, après que tu m'as soumis à une telle épreuve ? Non, c'est impossible. Je suis Poséidon, frère de Zeus et de Hadès, Ébranleur du sol et Dieu de la mer. Je ne m'incline devant personne. Deux fois, tu as rejeté mes cadeaux, poursuivit-il. Deux fois, tu as méprisé mon amour. Je le reprends. »

Sur ces mots, il plongea dans les profondeurs de l'océan.

Quant à Déméter, elle n'eut pas le cœur brisé. Elle avait eu des nouvelles de sa fille, qui se trouvait au plus profond des enfers. Elle y vivrait six mois par an, mais pendant l'autre moitié de l'année, sa fille lui serait rendue.

Il n'y eut donc pas d'histoire d'amour entre

Déméter et Poséidon. Cependant, à partir de cette étincelle de désir, Poséidon créa les premiers chevaux, et d'eux, naquirent tous les autres : les quatre chevaux immortels du dieu Soleil ; les chevaux ailés qui luttent contre les monstres ; les chevaux à bride dorée qui conduisent les chars des dieux entre la terre et le ciel. Il y eut des chevaux que les hommes purent monter, et d'autres pour labourer les champs et tirer les charrettes.

Enfin et surtout, il y eut les chevaux de la mer. Car, après avoir rejeté Déméter, Poséidon attrapa les hippocampes et les attela à son char. Puis, faisant claquer son fouet d'or, il les conduisit, fiers et puissants, à travers les vagues. De temps en temps, les marins aperçoivent le dieu parcourant les eaux, traîné par ses destriers à la queue de poisson et aux sabots tempétueux.

Le cheval, le renard et la lionne

« Tu m'as servi fidèlement, dit le fermier à son vieux cheval de trait, mais maintenant, tu es trop vieux pour tirer ma charrette et je n'ai pas les moyens de nourrir un animal qui ne travaille pas. Je suis désolé, mais il faut que tu ailles vivre ailleurs. »

Le cheval regarda tristement le fermier. Il était vieux, c'est vrai, et épuisé, mais il ne voulait pas quitter la ferme où il avait passé tant d'années heureuses.

Cependant, le fermier était décidé.

« Je ne peux plus te garder », dit-il fermement en ouvrant la porte et en chassant le cheval d'une claque. « Ne reviens pas, à moins que tu n'aies de nouveau la force d'une lionne. »

Le cheval jeta un dernier regard à la ferme, puis s'en alla. Habitué à l'agitation de la cour, il se sentit soudain très seul.

Bientôt, il arriva devant une forêt. « Je ne suis plus qu'un vieux cheval de trait inutile, annonça-t-il tout haut. Ce n'est pas étonnant que le fermier ne veuille plus de moi. »

Un renard qui petit-déjeunait tout près dressa ses oreilles velues en entendant les lourds sabots et la voix triste du cheval.

« Qu'y a-t-il, mon ami ? » s'écria-t-il en sortant de sa tanière et en s'avançant vers le cheval. « Il fait beau ce matin, et je n'aime pas voir la tristesse autour de moi. »

Le cheval fixa des yeux le renard guilleret, avant de pousser un lourd soupir.

« Je suis trop vieux, se plaignit-il tristement. Le fermier refuse de me garder si je ne travaille pas.

– Oh là là ! mon pauvre ami, s'exclama le renard. Il y a sûrement une solution.

– Mais que faire ? demanda le cheval. Le fermier m'a dit de ne revenir que lorsque j'aurai de nouveau la force d'une lionne, ce qui n'arrivera jamais. »

Le renard réfléchit un instant. Puis il sourit : il avait une idée pour aider le vieux cheval tout en jouant un bon tour.

« Ne t'inquiète pas, le rassura-t-il. J'ai un plan !

– Je suis trop fatigué pour élaborer des plans, gémit le cheval.

– Pas celui-ci ! s'exclama le renard. Suis-moi. »

Le renard partit en bondissant dans la forêt, suivi sans enthousiasme du gros cheval de trait. À quoi bon un plan ? Il ne se faisait plus jeune. Cependant, il n'avait rien à perdre...

« Nous voilà presque arrivés, cria le renard, en tête. Dépêche-toi ! »

Ils avaient atteint une clairière.

« Pour que notre plan marche, il faut que tu fasses trois choses, expliqua sagement le renard.

– Trois choses ! soupira le cheval. Elles ne sont pas trop fatigantes au moins ?

– Allonge-toi. Ferme les yeux. Ne bouge pas », commanda le renard.

Comme cela convenait justement au cheval, il s'allongea au milieu de la clairière en bougeant le moins possible, les yeux bien fermés.

Le renard repartit gaiement, le nez au sol. En reniflant bien, il repéra une piste qui conduisait tout droit... à la tanière de la lionne.

« Hou ! hou ! Chère lionne ! cria le renard.

– Que me veux-tu, Renard ? » gronda-t-elle.

Mécontente, elle se hissa hors de sa tanière.

« Je voulais seulement te dire, jeta négligemment

le renard, qu'un énorme repas attend dans la forêt. J'ai pensé qu'il fallait te prévenir en premier. »

La lionne se lécha les babines d'un air gourmand.

« Un repas, dis-tu ? » Son ventre se mit à gargouiller à la seule pensée de manger.

« Un festin ! surenchérit le renard. Suis-moi et je t'y conduirai. »

Le renard mena la lionne jusqu'à la clairière. Apercevant le cheval allongé, immobile, l'eau lui vint à la bouche. Avec un animal de cette taille, elle pourrait tenir plusieurs jours.

« Attends un moment, dit hypocritement le renard. Ne serait-ce pas terrible si les autres animaux de la forêt apprenaient l'existence de ce délicieux repas ? Tu devrais le traîner dans ta tanière pour en profiter en paix. »

La lionne trouva que c'était une excellente idée. En effet, elle n'aimait pas partager.

« Laisse-moi t'aider, dit le renard. Si tu attaches

la queue du cheval à la tienne, tu auras beaucoup moins de mal à le traîner. »

La lionne hésita un moment, puis fit demi-tour et tendit la queue. « Comme ce renard est serviable », s'étonna-t-elle.

Le renard attacha donc la queue jaune et touffue de la lionne à la longue queue blanche du cheval sur le sol.

« Je vais bien serrer les nœuds », annonça-t-il.

Pendant ce temps, le cheval ne bougea pas un muscle, jusqu'à ce que…

« HUE ! » cria le renard. Alors, le cheval se leva d'un bond, renversant la lionne, dont les pattes s'agitèrent dans l'air. Malgré son âge, le cheval était beaucoup plus grand qu'elle.

« Tire ! » cria le renard en sautant sur le dos du cheval.

Le vieil animal se dirigea vers la ferme, traînant derrière lui la lionne bringuebalante

qui cognait contre le sol de la forêt.

« Quel sale tour ! » gronda-t-elle.

Quand ils arrivèrent à la ferme, le fermier sortit en vitesse en entendant le bruit familier des sabots.

Bouche bée, il aperçut alors les trois animaux dans la cour. Le vieux cheval était de retour ! Sur son dos, était assis un renard qui souriait jusqu'aux oreilles. Et par terre, attachée à sa queue, gisait une lionne, qui grognait et miaulait !

L'homme resta un instant muet de surprise.

Le cheval piaffa nerveusement. Que penserait de lui le fermier, qui lui avait apporté un renard, plus une lionne affamée ! Se fâcherait-il de ce mauvais tour ?

Au contraire, le fermier rejeta la tête en arrière et éclata de rire. Il rit si fort qu'il en eut les larmes aux yeux.

« Quelle blague géniale ! » haleta-t-il, quand il eut enfin retrouvé son souffle. « Je t'avais dit d'être plus fort qu'une lionne, et te voilà revenu avec la bête elle-même ! »

Le renard lança un clin d'œil au cheval. Son plan s'était déroulé comme sur des roulettes.

Le fermier s'approcha prudemment de la lionne. Elle battit misérablement des pattes.

« Si je te détache, promets-tu de retourner dans la forêt ? » demanda le fermier.

La lionne, qui en avait plus qu'assez d'être troussée comme un dindon, hocha la tête.

Alors, le fermier détacha la queue de la lionne, qui repartit, honteuse, dans sa tanière, bien gênée d'avoir ainsi été dupée.

« Ça faisait bien longtemps que je n'avais pas tant ri », dit le fermier en caressant affectueusement son vieux cheval. « Et je tiens parole. Tu as de toute évidence la force d'une lionne. Tu peux donc rester ici tant que tu voudras. »

Il conduisit le cheval à l'écurie pleine de paille

fraîche. Le cheval s'installa tout content. Il était enfin rentré, et cette fois pour de bon.

Et le renard ? Il repartit gaiement dans la forêt pour trouver une autre blague à faire. Moralité : les mauvais tours ont parfois du bon.

Pégase

Pégase, le cheval ailé aux plumes douces et à la robe blanche, était l'étalon des dieux. Parfois, il s'élevait dans le ciel, transportant les éclairs de Zeus, le roi des dieux. Cependant, c'était aussi le cheval des Muses, les neuf déesses qui régnaient sur la musique, la poésie et les arts.

D'un coup de sabot, Pégase avait fait jaillir une source divine sur le mont Hélicon, où résidaient les Muses. Les poètes buvaient son eau pour y trouver l'inspiration. Ils venaient aussi lui demander son aide pour leur art, et Pégase se précipitait à leur secours. Jusqu'au jour où un poète qui mourait de faim décida de l'utiliser non pas pour l'art, mais pour l'argent...

« Ce n'est pas avec des mots que je vais me nourrir, déclara le poète désespéré. J'en ai assez d'écrire et de chercher des rimes. Je vais vendre ce cheval au plus offrant, quel qu'il soit. » Alors, il harnacha Pégase et l'emmena au marché le plus proche.

Quand ils furent arrivés, Pégase piaffa nerveusement, sentant que quelque chose n'allait pas. Les stalles regorgeaient de moutons et de chèvres à vendre et l'air chaud bourdonnait de mouches agitées. Tout le monde se retourna et fixa des yeux l'énorme cheval blanc : personne n'avait jamais rien vu de pareil. Plein de fierté et de colère, Pégase se cabra en battant de ses grandes ailes, repoussant les spectateurs. Il se pencha en avant pour essayer de s'échapper, mais le poète se cramponna, et une foule barrait le chemin.

« Il est bien trop sauvage, s'exclama un acheteur. Voyez comme il est grand !

– C'est vrai, convint un autre. Je n'aime pas trop ces ailes. Je n'en voudrais pas comme cheval.

– Il faudra le vendre pas cher », se moqua un troisième d'une voix forte.

Entendant ces mots à l'arrière de la foule, un fermier s'avança.

« Je cherche un cheval pas cher », annonça-t-il. Néanmoins, quand il vit ses grandes ailes qui battaient, il recula lui aussi. « Hum... ajouta-t-il, je pourrais les rogner, je suppose.

– Ou les attacher ? » suggéra le poète, qui voulait désespérément vendre l'animal.

« Entendu », convint le fermier, en hochant la tête. « Je t'en donne vingt pièces d'argent.

– J'accepte ! » s'écria le poète, enchanté. Il n'essaya même pas de marchander, lui qui avait craint de ne rien obtenir du tout pour cet étrange animal. Et donc, pour vingt pièces d'argent, il vendit le fier étalon comme un simple cheval de trait.

En tirant un petit coup sur la bride, le fermier fit sortir Pégase du marché bondé et prit la direction de sa ferme, perchée dans les collines.

« Tu as de la force », observa tout haut le fermier, tant pour lui-même que pour Pégase,

« je le vois bien. Peut-être pourrai-je t'atteler à l'une de mes charrettes. »

Ils arrivèrent à la ferme en fin d'après-midi. Le fermier ne laissa pas Pégase se reposer : il avait trop envie de mettre la force de son cheval à l'épreuve. Il attacha les ailes de Pégase avec une solide corde épaisse et accrocha des sacoches sur le large dos du cheval, avant de les remplir de figues et d'oranges.

« Je dois apporter ces fruits aux villageois, dans la vallée, expliqua-t-il. Voyons un peu combien de temps tu mettras. Attention à ne pas les abîmer. » Puis, en faisant claquer son fouet, il cria : « En route ! »

Pégase tourna la tête et fixa le fermier de ses yeux noirs brillants. Puis il se cabra et se mit à ruer pour se débarrasser du lourd chargement.

« Holà ! s'écria le fermier. Doucement ! Doucement ! Du calme. »

Mais il ne fit qu'augmenter la furie de Pégase,

qui piaffa, plus habitué à fendre l'air qu'à transporter des sacs de fruits. Enfin, il se cabra une fois de plus et partit au galop sur le chemin. Les sacs bringuebalaient de chaque côté. Des figues et des oranges volaient dans tous les sens avant de s'écraser sur le sol poussiéreux.

« Reviens ! » cria le fermier en lui courant après. « Arrête-toi ! »

Pégase était maintenant arrivé au bout du chemin, à l'endroit où la falaise tombait à pic sur la vallée. Pégase s'arrêta, ainsi que l'avait demandé le fermier, et attendit. L'homme se rapprocha.

« Ne bouge pas », ordonna-t-il.

Pégase poussa un hennissement. Le fermier se rapprocha encore. « Je vais t'apprendre à te tenir. »

Pégase piaffa.

« Je vais te montrer qui commande maintenant. »

En entendant ces mots, Pégase baissa la tête et envoya une puissante ruade, qui fit dégringoler les sacoches, les fruits et tout le chargement au bas de la falaise. Puis il rentra docilement au trot à la ferme.

Ce soir-là, le fermier parla de ses difficultés avec sa femme.

« Pourquoi n'essayes-tu pas de l'atteler demain ? suggéra-t-elle. Tu as des passagers à emmener en ville. Il pourrait traîner la charrette tout seul. Il a l'air capable de faire le travail de deux chevaux. »

Le lendemain matin, le fermier attela Pégase seul à la charrette, au lieu du tandem habituel. Les passagers grommelèrent quelques remarques soupçonneuses à l'égard du cheval ailé, mais le fermier les rassura.

Au début, tout se passa bien : Pégase avançait à

vive allure sans renâcler. Puis il leva les yeux vers le ciel et se mit à pousser de ses ailes contre les cordes qui les serraient, comme s'il était impatient de s'élever dans les airs. Alors, ses sabots martelèrent le sol de plus en plus vite.

Les passagers poussèrent des cris de terreur.

« Arrête ! hurlèrent-ils. Ralentis. » Mais rien n'y fit.

Pégase traversa à toute allure les champs et les marais, les landes et les plaines herbeuses. Le fermier criait et tirait sur les rênes de toutes ses forces, sans réussir à retenir l'animal. Enfin, la charrette presque en miettes, Pégase s'arrêta en haut d'une montagne.

Furieux, les passagers descendirent de la charrette pour refaire à pied le long trajet en sens inverse. Quant au fermier, il était décidé à briser l'animal à tout prix et à le faire à obéir.

« Je le ferai travailler si dur qu'il n'osera plus

jamais se cabrer, déclara-t-il furieux. Je lui donnerai si peu à manger qu'il n'aura plus la force de me jouer des tours pareils. »

À partir de ce moment, Pégase fut forcé de cultiver les champs aux côtés d'un bœuf pesant, au pas lourd. Jour après jour, il travaillait la terre, sans guère manger, ni se reposer, tant et si bien que ses membres flageolaient de faiblesse et que sa crinière pendait contre ses flancs décharnés.

Puis, un jour, sentant sa dernière once d'énergie s'épuiser, Pégase s'effondra à terre et resta sans bouger sur le sol poussiéreux.

Le fermier se rua sur lui en un instant en faisant claquer son fouet.

« Debout ! cria-t-il. Comment ce poète a-t-il osé me vendre ce bon à rien ?

– Bon à rien ? » fit une voix derrière lui.

Le fermier se retourna et vit un jeune homme aux cheveux dorés, ceints d'un diadème en or, qui tenait un luth à la main.

« Et qui êtes-vous ? demanda le fermier.

– Un poète et un musicien, répondit le garçon. J'ai entendu parler d'un cheval blanc ailé qui inspire des poèmes et s'élève dans le ciel.

– Eh bien, il ne m'est utile en rien, répondit le fermier. Il est incapable de tirer une charrette, et à plus forte raison de labourer les champs.

– Je crois pouvoir vous montrer ce qu'il sait faire, répliqua le jeune homme. Puis-je essayer ?

– Ha ! se moqua le fermier, ce sera un miracle si vous réussissez à le faire se lever. »

Sans rien dire, le jeune homme s'avança vers Pégase et lui chuchota quelque chose à l'oreille. Puis il enleva le harnais. Libéré, Pégase se mit debout, les membres flageolants. Enfin, le jeune homme détacha les ailes et Pégase les étendit, les plumes s'ébouriffant sous la brise. Le jeune homme glissa son luth sous son bras et monta sur le dos de Pégase.

« Oh ! je ne vous le conseille pas, dit le fermier. Il est dangereux, vous savez.

– Je n'ai pas peur », répondit le jeune homme en souriant.

Sentant qu'il allait être libre, Pégase se mit à battre des ailes. Ses yeux brillèrent et, comme un dieu, il s'éleva dans le ciel. Stupéfait, le fermier le suivit des yeux, tandis que l'animal auparavant effondré dans la poussière s'élevait de plus en plus haut, pour ne devenir qu'un lointain point blanc dans les nuages.

« Hé ! cria le fermier. Revenez ! S'il est capable de faire ça, je pourrais peut-être encore en tirer quelque chose. »

Cependant, rien n'aurait pu persuader Pégase ni son sauveteur de revenir. Le cheval ailé poursuivit son vol dans le ciel bleu, planant, descendant en piqué, puis remontant, ses sabots brillant comme de l'or au soleil. Sur son dos, le jeune homme ne put réprimer des cris de joie tandis qu'ils traversaient le ciel, avant de se poser enfin sur le mont Hélicon. Là, les Muses attendaient patiemment, assises à l'ombre d'un olivier.

« Pégase, dirent-elles, nous avons envoyé un poète à ton secours. Nous sommes désolées qu'il ait mis si longtemps à te retrouver, mais te revoilà enfin parmi nous. »

Pégase secoua sa fière crinière et piaffa, heureux d'être rentré chez lui.

Le vieux cheval d'Atri

Perchée à mi-hauteur sur le flanc d'une montagne, en Italie, se trouvait une jolie petite ville endormie. Entourée de champs où broutaient des chevaux, Atri était un lieu très tranquille, où il ne se passait pas grand-chose.

Puis, un jour, sur la place du marché, une énorme cloche en argent apparut en haut de la tour, de laquelle une longue corde pendait jusqu'au sol. La cloche étincelait au soleil… mais à quoi était-elle destinée ? Personne ne le savait.

Une foule curieuse s'était pressée au pied de la tour. Chacun avait une explication quant à son apparition.

Soudain, une trompette résonna et le seigneur local arriva à cheval sur la place, suivi d'une longue file de serviteurs. La foule se tut et attendit avec impatience de savoir ce qu'il allait dire.

« C'est la Cloche de la justice, déclara le seigneur. Elle est pour tous les habitants d'Atri, de l'homme le plus grand à l'enfant le plus petit. Si quelqu'un subit un tort, il a le droit de tirer sur la corde pour la faire sonner et demander justice. »

Cette idée fut accueillie avec grand enthousiasme par la foule. La plupart du temps, les choses se passaient plutôt bien à Atri, mais à partir de ce jour, toute personne qui pensait avoir subi un préjudice pouvait sonner la cloche.

« Ding dong, ding dong ! » faisait celle-ci, et le juge se précipitait sur la place pour réparer l'affront.

Année après année, les fils de la corde s'effilochèrent peu à peu, puis se cassèrent. La corde raccourcit progressivement, si bien que seul l'homme le plus grand de la ville pouvait l'atteindre.

« Il faut faire quelque chose », déclara le seigneur, ayant constaté que la cloche ne pouvait plus servir à tous. « Mais qui nous trouvera une corde suffisamment longue pour remplacer l'ancienne ? »

Les cordes de cette longueur étaient rares dans cette petite ville, mais un villageois eut une idée. Une vigne magnifique courait sur sa maison : elle montait jusqu'au toit, qu'elle longeait ensuite. Il se précipita chez lui et tira dessus pour la faire descendre. Il l'enroula dans un panier et l'emporta jusqu'à la place. Tous les villageois s'accordèrent pour dire qu'elle ferait très bien l'affaire en attendant qu'ils trouvent une autre corde.

Ainsi, la vigne fut attachée à la cloche. Elle descendait jusqu'au sol, avec ses feuilles et ses vrilles. Maintenant, même l'enfant le plus petit de la ville pourrait sonner la cloche, et la vie reprit son cours, aussi heureuse qu'avant.

Mais tous les habitants ne partageaient pas ce bonheur. Aux abords de la ville, vivait tout seul un vieux chevalier. Dans sa jeunesse, il avait remporté de nombreuses victoires courageuses sur le champ de bataille, et avait élevé de nombreux chevaux et chiens de chasse. Mais maintenant, ces passe-temps l'épuisaient. Étriller les chevaux, les nourrir et nettoyer les écuries étaient fatigants. Il aurait préféré rester dans sa maison à compter son argent.

« À quoi me servent tous ces animaux ? gémissait-il en son for intérieur. Ce ne sont pas eux qui m'apporteront le confort durant ma vieillesse. Il faut que je m'en débarrasse. »

Il vendit donc les bêtes une par une, entassant avec cupidité les pièces d'or qu'il en avait tirées.

Quand vint le tour du dernier cheval, il hésita un instant. Cet animal l'avait porté fidèlement sur le champ de bataille et, ensemble, ils avaient partagé de nombreuses aventures.

« Je te nourris et je t'étrille, mais que fais-tu pour moi maintenant ? » se demanda le chevalier.

Puis il se souvint de la belle allure qu'il avait eue sur le cheval aux jours de fête, quand ils défilaient ensemble à travers la ville.

Qu'ils étaient beaux, le chevalier dans son armure brillante, dominant les foules du haut de son magnifique destrier.

Le vieux chevalier se rengorgea de fierté à cette pensée.

« Bon, d'accord, je te garde, mais ne crois pas que je vais t'acheter cette avoine et cette orge coûteuses. Il y a de l'herbe dans le champ. Broute. »

Le chevalier tint parole et lâcha le cheval dans le champ. L'animal réussit à trouver quelques touffes d'herbe à manger, mais le soleil avait grillé le reste. Le destrier jadis superbe maigrit et prit une allure triste et dépenaillée.

« Quelle figure lugubre ! » lui dit le chevalier, l'un des

rares jours où il prit la peine de sortir.
« J'aurais honte d'être vu avec toi. Tu ne me rapporterais pas grand-chose non plus. Il ne me reste qu'une chose à faire. Allez, ouste, va-t'en ! »

Le chevalier ouvrit alors le portail et chassa le pauvre animal : « Débrouille-toi tout seul ! »

Affamé, le cheval en profita pour chercher à manger. Apercevant quelques brins de foin tombés d'une charrette, il les avala et suivit le chemin dans l'espoir d'en trouver encore. Il était midi et les rues de la ville étaient silencieuses. Tous les habitants étaient rentrés faire la sieste et s'abriter du soleil.

Enfin, le cheval aperçut la vigne verte et juteuse qui pendait du clocher. Comme elle avait l'air délicieuse !

Il ne perdit pas un instant. Cric, crac, croc... il s'arrêta à peine pour reprendre son souffle. Tirant sur la vigne, il alla de plus en plus haut.

« Ding dong, ding dong ! » résonna le son clair de la cloche qui rompit le silence.

Les habitants d'Atri poussèrent un gémissement. Qui pouvait bien avoir besoin de justice à l'heure de leur agréable sieste de midi ? Le juge se retourna dans son lit et ouvrit à demi les yeux. Se rendant compte de ce qu'il avait entendu, il sauta du lit, mit sa robe de fonction et se précipita sur la place.

Elle était vide ! Les habitants commencèrent à accourir, brûlant de curiosité. Tout ce qu'ils virent, c'était un cheval solitaire, qui faisait sonner la cloche en tirant sur la vigne.

« Le cheval veut justice ! s'écrièrent-ils.

– Il appartient au vieux chevalier, ajouta une femme. Il était magnifique, mais regardez-le maintenant. Il ne lui reste plus que la peau et les os. Le chevalier est trop occupé à compter ses sous pour s'en occuper.

– Justice doit être faite ! cria l'assistance.

– Très bien, acquiesça le juge. Qu'on fasse venir le chevalier. »

À contrecœur, le vieux chevalier apparut devant le juge.

« Ce cheval t'a servi fidèlement pendant des années, dit le juge sur un ton solennel. Il t'a porté sur le champ de bataille et dans les défilés, et en échange tu le maltraites. »

Le chevalier eut l'air gêné, mais le pire était à venir.

« Comme châtiment, poursuivit le juge, tu donneras la moitié de ton or pour la construction d'une nouvelle écurie et pour l'achat de sa nourriture. Désormais, c'est nous, les habitants d'Atri, qui nous occuperons de lui. »

Le chevalier trouvait déjà difficile de dépenser de l'argent, mais la moitié de son or ? Il dut malgré tout accepter cette sanction insupportable. En effet, la parole du juge faisait loi.

Les spectateurs poussèrent des acclamations et le cheval vécut confortablement le reste de sa vie, aimé et soigné par les bons habitants d'Atri.

Katya la maligne

Dans les vastes plaines de Russie, vivaient deux frères. Ils élevaient tous deux des chevaux pour vivre, mais l'un était riche et méchant, tandis que l'autre était pauvre et gentil. En octobre, une grande foire aux chevaux se tenait dans la ville voisine, si bien que les deux frères partirent ensemble, le riche sur son bel étalon au poil lisse et brillant, l'autre sur sa petite jument dodue.

La ville étant assez loin, ils s'arrêtèrent en route pour passer la nuit dans une cabane, près d'un petit champ où ils laissèrent leurs chevaux. Épuisés après ce long trajet, ils s'endormirent rapidement.

Imaginez leur surprise le lendemain matin lorsque, devant la cabane, ils découvrirent trois chevaux au lieu de deux. Le troisième était un poulain qui venait de naître. Le petit animal farouche arrivait tout juste à tenir d'aplomb et s'abritait derrière les membres robustes de l'étalon.

« J'ai un nouveau cheval, on dirait ! » annonça Dimitri, le plus riche des deux.

« Et comment ton étalon a-t-il fait pour pouliner ? » rit Léo, le plus pauvre des deux. « C'est ma jument qui a donné naissance au poulain, et donc il m'appartient.

– Il s'est mis à côté de mon étalon, donc il doit m'appartenir. Arrête de me contredire ! répliqua Dimitri d'un ton sec.

– Tu es fou, mais si tu insistes vraiment, allons demander l'avis du juge, en ville. Il te fera changer d'avis », répondit Léo.

Les deux hommes continuèrent à se disputer tout le long du chemin. Quand ils arrivèrent, une foule animée envahissait déjà les rues de la ville. Il y avait là toutes sortes de chevaux, des jolis palominos aux énormes chevaux de trait. C'était un jour exceptionnel, car en plus de la foire annuelle, la ville devait aussi recevoir la visite de l'empereur lui-même. Ce jour-là, c'était lui qui entendrait tous les différends et qui rendrait justice à la place du juge.

Les deux frères se rendirent au tribunal sur la grande place et comparurent devant l'empereur. Un peu intimidés, ils lui expliquèrent le sujet de leur conflit.

L'empereur réprima un rire. « C'est sans doute la dispute la plus ridicule qui m'ait été présentée », pensa-t-il. Il savait bien sûr que le poulain appartenait à Léo, mais décidant de s'amuser un peu aux dépens des deux frères, il les écouta attentivement, puis hocha la tête.

« Hum ! vos points de vue paraissent tous deux valables, mentit-il. Pour décider, je ne vois pas d'autre solution que de vous poser quatre devinettes. Celui qui trouvera la solution pourra garder le poulain. Quelle est la chose la plus rapide du monde ? Quelle est la chose la plus grosse ? Quelle est la chose la plus douce ? Et quelle est la chose la plus précieuse ? Je reviens dans une semaine pour entendre vos réponses ! » Sur ces mots, il passa à l'affaire suivante.

Au retour, Dimitri se creusa la tête tout le long du chemin sans parvenir à trouver les réponses aux devinettes. Il lui fallait de l'aide, mais il n'avait pas d'amis. Il se souvint alors d'une femme à qui il avait prêté de l'argent. Elle paraissait plutôt intelligente, peut-être connaîtrait-elle la solution.

Cette femme était certainement rusée, car elle lui demanda d'annuler sa dette en échange de sa réponse.

« La chose la plus rapide du monde, dit-elle, c'est le cheval de course de mon mari. La plus grosse, c'est notre énorme cochon. La plus douce, c'est mon édredon en plumes. Et la plus précieuse, mon jeune neveu. »

Dimitri ne fut guère convaincu par ces réponses, mais comme il ne savait pas à qui d'autre demander, il les accepta en haussant les épaules et annula la dette.

Léo savait qu'il ne parviendrait jamais à trouver les solutions tout seul. Il rentra chez lui, dans la petite maison où, devenu veuf, il vivait avec sa fille de sept ans, Katya. Comme c'était une petite fille sensée, Léo lui fit part de son problème.

Elle réfléchit un instant, puis lui dit :

« La chose la plus rapide du monde, c'est le vent du Nord. La plus grosse, c'est le sol qui fournit notre nourriture. La plus douce, c'est le baiser d'un enfant. Et la plus précieuse, l'honnêteté. »

Les frères reprirent le chemin de la ville et, une fois de plus, comparurent devant l'empereur.

Dimitri donna ses réponses en premier. L'empereur hurla de rire devant une telle bêtise.

Puis ce fut au tour de Léo. L'empereur se préparait à rire de nouveau, mais à la place, il fronça les sourcils. Il savait que Léo avait raison et il eut honte. En effet, l'honnêteté était précieuse et il ne s'était pas montré honnête avec les deux frères. Il ne pouvait pas toutefois l'admettre devant la cour.

« Tu m'as donné les bonnes réponses, dit-il à Léo, tu garderas donc le poulain, et voici aussi cent ducats d'argent. Mais dis-moi, as-tu trouvé les réponses tout seul, ou t'es-tu fait aider ?

– C'est ma fille Katya qui m'a donné les réponses », répondit Léo, faisant ainsi preuve d'honnêteté.

« Si ta fille est si intelligente, j'aimerais la rencontrer. Amène-la à la cour et demande-lui de résoudre cette devinette : elle ne doit arriver ni à pied ni à cheval, ni chargée de cadeaux ni les mains vides. Si elle y parvient, tu pourras garder le poulain et les ducats d'argent. Si elle échoue, tu devras renoncer aux deux ! »

Le pauvre Léo ne voyait pas comment Katya y arriverait. Néanmoins, il rentra chez lui et lui répéta les instructions de l'empereur.

« Ne t'inquiète pas, père, répondit sa fille calmement. Attrape un lièvre et une perdrix. Veille à les garder vivants. »

Léo ne voyait pas en quoi cela serait utile, mais il lui fit confiance et lui obéit.

Le lendemain, ils partirent pour la ville avec le lièvre, la perdrix et le poulain.

Le tribunal était rempli de spectateurs qui voulaient tous connaître la solution que trouverait Katya. Quand elle apparut, elle était montée sur le lièvre et tenait la perdrix à la main. La foule poussa un cri devant ce spectacle étrange.

L’empereur examina Katya curieusement pendant un moment, puis dit d’une grosse voix :

« Tu devais venir ni chargée de cadeaux, ni les mains vides ! »

Katya tendit la perdrix. L’empereur voulut la prendre, mais l’oiseau battit des ailes et s’envola.

L’empereur dut reconnaître que la petite fille était maligne.

« Tu l’emportes ! dit-il. Ton père peut garder le poulain et les cent ducats d’argent. Mais dis-moi, est-il vraiment aussi pauvre qu’il en a l’air ?

– Oui, répondit Katya, nous vivons des lièvres qu’il pêche dans la rivière et des poissons qu’il cueille dans les arbres.

– Que veux-tu dire ? Qui a jamais entendu parler de lièvres dans une rivière ou de poissons dans des arbres ? »

Vive comme l’éclair, Katya répondit :

« Qui a entendu parler d’un étalon qui pouline ? »

L'empereur éclata de rire. Katya la maligne lui plaisait.

« C'est seulement dans mon royaume que pouvait naître une petite fille aussi maligne ! » déclara-t-il avec fierté, tandis que, triomphante, Katya reconduisait le poulain chez eux.

À propos des histoires

L'homme cohabite avec les chevaux et les poneys, et en fait des personnages de récits depuis qu'il les a domestiqués, il y a environ 6 000 ans. Il n'est donc pas surprenant de voir qu'un grand nombre des contes traditionnels mettent en scène des chevaux.

Ici, tu peux en savoir un peu plus sur les contes et histoires qui ont inspiré ce recueil.

Le cheval qui parlait – conte allemand recueilli par les frères Grimm ; leur version est intitulée *La Gardeuse d'oies.*

Bronze, Argent et Or – conte norvégien.

L'étalon noir – conte grec.

Le petit poney au dos rond – vieux conte de fées russe, que Piotr Erchov reprend dans l'un de ses poèmes.

Le kelpie – conte écossais.

Ivan et l'alezan – conte russe.

Le cheval du magicien – conte du Moyen-Orient, tiré des *Mille et une nuits.*

Taches de lumière – conte norvégien.

La jument blanche – conte de fées italien tiré du Pentamerone.

Les sept poulains – conte norvégien.

La princesse et la licorne – conte anglais moderne.

Le cheval porte-bonheur – conte folklorique chinois.

Les premiers chevaux – histoire issue de la mythologie grecque.

Le cheval, le renard et la lionne – fable ancienne attribuée à Ésope, qui était un conteur grec.

Pégase – histoire issue de la mythologie grecque, racontée sous forme de poème par Friedrich von Schiller.

Le vieux cheval d' Atri – conte italien.

Katya la maligne – conte russe ; des histoires semblables sont racontées dans toute l'Europe.

Maquette : Lenka Hrehova
Images numériques : Nick Wakeford
Rédaction : Rosie Dickins et Lesley Sims